全域旅游创新模式研究丛书 戴学锋◎主编

全域共建 精明增长

全域旅游的崂山模式研究

（资料截至2018年年底）

青岛市崂山区文化和旅游发展委员会 ◎ 编著

中国旅游出版社

《全域旅游的崂山模式研究》
编委会

《全域旅游创新模式研究丛书》序

1978 年十一届三中全会拉开了中国改革开放的大幕，当时要解决的核心问题是生产要素固化的问题，那时候每一个机器设备、每一块土地、每一项技术甚至每一个人，都被固化在“单位”上，不能按照市场的要求流动。十一届三中全会决议最重要的就是要打破几十年计划体制形成的生产要素固化的弊端，然而从哪里入手突破？为此，邓小平同志于 1979 年黄山讲话，把旅游业作为了改革开放先行先试的行业。

十一届三中全会的第二年——1979年出台了《中华人民共和国合资经营企业法》，1980 年就有三家合资企业诞生——京港合资北京航空食品有限公司、中美合资北京建国饭店和中美合资长城饭店，这三家企业中，有“两家半”是旅游企业。这些企业在打破生产要素固化，特别是打破人事管理固化的计划经济体制方面做出了积极的贡献，在企业内部用人制度上，实现了取消干部和工人的界限，打破了八级工制只能上不能下、收入封顶、干多干少收入一样、企业不能辞退员工等僵化的计划体制弊端，为生产要素按照市场需要的方式配置进行了积极有效的探索。此后，深谙邓小平同志改革开放理论的胡耀邦同志提出全国学建国，把旅游业的改革经验推广到了全国。

由于中国的改革开放走的是一条渐进式的改革道路，经过改革开放 40 多年的实践，我国在打破生产要素固化方面已经较为完善，然而在对市场经济的管理方式上，不适应当前市场经济发展的方面还不少，而且越早制定的法规条例越不适应市场经济发展的需要。因此，在 2013 年再次启动改革的十八届三中全会上，提出了“使市场在资源配置中起决定性作用”的重要思想，并提出“全面深化改革的总目标是完善和发展中国特色社会主义制度，推进国家治理体系和治理能力现代化”。十八届三中全会的第二年，也就是被社会各界认为是中国全面深化改革元年的 2014 年，国务院出

台了 31 号文《关于促进旅游业改革发展的若干意见》，显然是再次把旅游业作为了改革的破冰产业。

作为全面深化改革破冰产业的旅游业从哪里入手，怎么解决管理体制僵化的矛盾，如何建立起“使市场在资源配置中起决定性作用”的管理体制，面对一系列问题，国家旅游行政管理最高层开出的药方是“全域旅游”：全域旅游是指在一定区域内，以旅游业为优势产业，通过对区域内经济社会资源尤其是旅游资源、相关产业、生态环境、公共服务、体制机制、政策法规、文明素质等进行全方位、系统化的优化提升，实现区域资源有机整合、产业融合发展、社会共建共享，以旅游业带动和促进经济社会协调发展的一种新的区域协调发展理念和模式。

改革开放之初，以旅游业为突破口带动全面改革开放的一个重要举措，就是中央层面的改革开放思想在解放生产要素的最基层——企业上率先实践，从而融化了生产要素固化的坚冰，使改革开放落到了实处。全面深化改革关键是“推进国家治理体系和治理能力现代化”和“使市场在资源配置中起决定性作用”，也就是要解决政府对市场经济管理方式固化的问题，此时的最基层显然是基层政府，也就是以旅游业为优势产业的县。因为，县级是自秦始皇制定郡县制以来，中国最基本的行政管理细胞。全域旅游通过县级层面的先行先试，突破不再适应社会主义市场经济的体制机制、政策法规、软硬各种环境，建立起以旅游市场分配资源的新理念，以旅游业带动社会经济全面发展的新模式。

自全域旅游概念提出以来，以旅游业为优势产业的地区，围绕让旅游市场在资源分配中发挥决定性作用，以创建全域旅游示范区为抓手，在全国各地探索了很多创新管理经验，有的在旅游业管理体制机制上，有的在招商引资方式上，有的在土地利用上，有的在财政金融支持上，有的在旅游市场治理上，有的在维护旅游者合法权益上等方面进行了全方位积极的探索。为了进一步总结各地创建全域旅游示范区中的经验，我们组织编写了这套《全域旅游创新模式研究丛书》，希望全域旅游示范区建设在推动全面深化改革中的好做法能得到广泛推广，希望旅游业能为全面深化改革做出更大贡献。

戴学锋

前言

《齐记》云:“泰山虽云高，不如东海崂。”作为中国大陆 1.8 万公里海岸线上最高的山峰，崂山就像一座矗立在东海岸的丰碑，自古以来，不仅体现着地理格局中的山水意境，更孕育着中国文化的审美理念，被誉为“海上名山第一”，演绎着山海相依的浪漫与道法自然的美学。

崂山旅游事业的发展，与改革开放同步。1979 年 7 月 30 日，邓小平在考察崂山时指出，崂山发展旅游的自然优势和相对落后的基础设施条件，要求以风景名胜资源为依托，加快发展旅游业。从此，掀开了崂山发展旅游的大幕。至今，崂山的负责同志谈起崂山旅游发展，总是对这一历史性的一幕记忆犹新，会由衷地感叹:“是邓小平同志成就了一座新崂山!”

1982 年，崂山成为国务院首批审定公布的国家重点风景名胜区，成为山东旅游版图中的重要标识，也是滨海城市青岛向世界旅游城市迈进的一张名片，当“去青岛必去崂山”成为旅游体验共识，崂山就担当起一座旅游城市的旗帜和引擎。

1992 年，石老人国家旅游度假区经国务院批准，成为首批国家旅游度假区；同年，崂山被国家林业部批准为国家森林公园；2000 年，山东省政府批准成立崂山省级自然保护区；2011 年，崂山风景区被评定为国家 5A 级旅游景区；2016 年，崂山区被评为中国蓝色旅游示范基地，入选全国首批全域旅游示范区创建单位，崂山旅游

紧随改革开放和中国旅游大发展的浪潮，大步前行，从一片渔村迅速成长为一座怡居宜业的现代化山海品质新城。

近年来，崂山区坚持全域旅游发展理念，以旅游综合管理体制机制创新为引领，深入推进旅游业供给侧改革、新旧动能转换和乡村振兴行动，不断完善政策保障体系、提升旅游服务品质、丰富旅游产品供给、加强旅游市场监管、优化城乡旅游环境、实施区域整体营销，推动旅游业从观光旅游向休闲度假转变、从景点旅游向全域旅游转变、从高速增长向优质发展转变，坚持“景城乡一体、山海空联动、全产业融合”的发展路径，开创了以体制创新为引领的“全域共建、精明增长”全域旅游崂山模式。

2019 年 9 月，崂山区被文化和旅游部正式认定为首批国家全域旅游示范区。崂山模式，在同年 11 月 8 日召开的全国全域旅游工作推进会上进行推广，对其他地区深化旅游管理体制改革、促进全域旅游高质量发展发挥可借鉴的示范作用。

目录

CONTENTS

第八篇 营销篇 | 高起点营销，提升品牌形象 183

第一篇 基础篇

崂山区全域旅游发展的总体情况

崂山区是青岛市东部一座怡居宜业的现代化山海品质新城，陆域面积 395.8 平方公里，海域面积 3700 平方公里，海岸线长 103.7 公里，先后荣获国家级生态示范区、中国蓝色旅游示范基地等荣誉称号。城区距青岛国际机场 12 公里，距青岛火车站 11 公里，距港口 8 公里，境内有青银高速、青兰高速及多条国省道通达，外部交通十分便利。崂山风景区是首批国家级风景名胜区、国家 5A 级旅游景区，素有“海上名山第一”“道教全真天下第二丛林”的美誉。区内还有国家旅游度假区 1 个、国家 4A 级旅游景区 3 个、国家 3A 级旅游景区 8 个、国家工业旅游示范基地 3 个、全国农业旅游示范点 4 个、中国乡村旅游模范村 2 个、各类省级乡村旅游称号 110 余个。全区旅游业连续多年保持 15% 以上高速增长，2018 年，全区接待游客人数 2020 万人次，实现旅游收入 139 亿元，分别同比增长 20.2% 和 15.8%，旅游收入占国民生产总值的 19.9%。

一、崂山旅游发展背景

（一）全域旅游时代，崂山旅游转型迎来机遇期

党中央、国务院对全域旅游工作高度重视。2016 年 7 月，习近平总书记在宁夏

考察工作时指出，发展全域旅游，路子是对的，要坚持走下去。2017 年 3 月，国务院总理李克强在全国两会所做的政府工作报告中明确提出："完善旅游设施和服务，大力发展乡村、休闲、全域旅游。"这是全域旅游首次被写入《政府工作报告》。《人民日报》盘点"全域旅游"为十八大以来党中央治国理政 100 个新名词之一，中国政府网盘点"全域旅游"为 2017 年《政府工作报告》12 个新词之一。2018 年 3 月，李克强总理再次在《政府工作报告》中指出要"创建全域旅游示范区"。同年，国务院办公厅印发《关于促进全域旅游发展的指导意见》（国办发〔2018〕15 号），这是国家第一部关于全域旅游的综合性指导文件，提出要"开展全域旅游示范区创建工作，打造全域旅游发展典型""把促进全域旅游发展作为推动经济社会发展的重要抓手"。2019 年 3 月，文化和旅游部办公厅下发《关于开展首批国家全域旅游示范区验收认定工作的通知》，制定了《国家全域旅游示范区验收、认定和管理实施办法（试行）》《国家全域旅游示范区验收标准（试行）》等文件，启动首批国家全域旅游示范区验收认定工作。

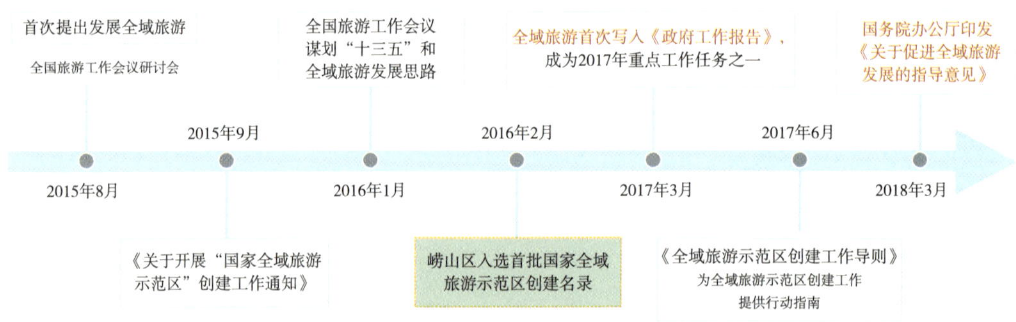

▲ 图 1-1　国家全域旅游工作推进图

崂山区在 2016 年被国家旅游局确认为首批"国家全域旅游示范区"创建单位。2017 年 1 月，崂山区第十二次党代会确定了"建设怡居宜业的现代化山海品质新城，让崂山发展更出彩，让人民生活更幸福"的奋斗目标，提出要依托崂山风景区核心带动，创建国家全域旅游示范区，推动旅游业全域共建、全域共融。崂山区委区政府相继出台《关于加快一流风景区建设积极构筑全域旅游格局的实施意见》《崂山区创建国家全域旅游示范区实施方案》《崂山区促进旅游产业发展实施细则（试行）》等综合性高质量政策文件，创新成立区委书记任党工委书记，区长、崂山风景区管理局常务副局长、区委常委、宣传部长任副书记的青岛市崂山区旅游发展委员会（2019 年整合为崂山区文化和旅游发展委员会，以下简称区文旅委）全面推进国家全域旅游示范区创建工作。崂山旅游发展进入黄金战略机遇期。

（二）新旧动能转换，崂山迈入高质量发展时代

2018 年 1 月，国务院批复《山东新旧动能转换综合试验区建设总体方案》，这是党的十九大后获批的首个区域性国家发展战略，也是中国第一个以新旧动能转换为主题的区域发展战略。2018 年 2 月 13 日，山东省人民政府发布《山东省新旧动能转换重大工程实施规划》，把精品旅游列为做强做优的“十强”产业之一，要求顺应大众旅游时代消费升级新趋势，扩大旅游产品供给，提升综合服务质量，推进旅游业多元化、全域化、国际化发展，打响“好客山东”品牌，打造全域旅游示范省和国际旅游度假目的地。

崂山区始终坚持以提高经济发展质量和效益为中心，按照省市关于新旧动能转换的工作部署，围绕打造“青岛高端产业引领区”这个目标，聚力开展新旧动能转换“五大行动”，突出发展战略性新兴产业、金融产业、旅游产业和大健康产业，加快推动增量崛起、存量变革，不断增强经济创新力和竞争力，使崂山区旅游业转向高质量发展新时代。

（三）乡村振兴战略，崂山乡村旅游面临新机遇

实施乡村振兴战略，是党的十九大做出的重大决策部署，是决胜全面建成小康社会、全面建设社会主义现代化国家的重大历史任务，是中国特色社会主义进入新时代做好“三农”工作的总抓手。习近平总书记参加十三届全国人大一次会议山东代表团审议时，就实施乡村振兴战略特别是推动产业振兴、人才振兴、文化振兴、生态振兴、组织振兴做出重要指示，要求山东充分发挥农业大省优势，打造乡村振兴的齐鲁样板。总书记的指示，为山东省做好乡村振兴工作指明了前进方向，提供了根本遵循，注入了强大动力。

山东省委、省政府深入贯彻党的十九大和十九届二中、三中全会精神，坚决落实习近平总书记对新时代山东工作的总要求和关于实施乡村振兴战略的重要指示，按照产业兴旺、生态怡居、乡风文明、治理有效、生活富裕的总要求，建立健全城乡融合

发展体制机制和政策体系，全力推动乡村“五大振兴”，加快推进乡村治理体系和治理能力现代化，加快推进农业农村现代化，打造生产美产业强、生态美环境优、生活美家园好“三生三美”融合发展的乡村振兴齐鲁样板。

崂山区率先启动乡村振兴战略，坚持农业农村优先发展，在要素配置上优先满足，在资源条件上优先保障，在公共服务上优先安排，加快补齐农村公共服务、基础设施和信息流通等方面短板，显著缩小城乡差距，把乡村打造成为容纳区域新兴产业和人民多元需求的特色载体，构建山东乡村振兴战略实施的先行区和示范区。崂山区积极促进旅游业与农业深入融合，以乡村旅游带动乡村产业振兴，让农业成为有奔头的产业，让农民成为有吸引力的职业，让农村成为既有颜值又有产值更有内涵的新乡村。

二、崂山区旅游资源总体评价

崂山区地处山东半岛南部、青岛市东南隅，东、南濒黄海，山海相连、奇峰林立，人文荟萃，气候宜人，发展旅游观光和休闲度假产业具有无可比拟的优势。

▲ 崂山美丽乡村

（一）崂山区旅游资源概述

崂山区山有灵性、海有气魄、城有活力、文有底蕴，具有独特的资源优势和较强的旅游吸引力，可为旅游者提供多样化的旅游体验。

崂山区普查出的666个旅游资源单体中，涵盖8个主类、25个亚类、87个基本类型，分别占《旅游资源分类、调查与评价》中各层级类型的100%、80.6%、56.1%。在8个主类中，地文景观类资源数量最多，有385个单体，占总数的57.79%；其次是建筑与设施类，有166个资源单体，占总数的24.90%；生物景观类有65个单体，占总数的9.76%。丰富、多样、品质较高的旅游资源为崂山区发展观光旅游奠定了坚实的基础。

表1-1 崂山区旅游资源统计汇总表（旅游资源类型）

主类	主类数量	主类比例	亚类	亚类数量	亚类比例	基本类型	数量
A地文景观	145	18.64%	AA自然景观综合体	26	3.34%	AAA山丘型景观	23
						AAC沟谷型景观	1
						AAD滩地型景观	2
			AC地表形态	119	15.30%	ACA台丘状地景	12
						ACB峰柱状地景	1
						ACE奇特与象形山石	99
						ACD沟壑与洞穴	7
B水域景观	44	5.66%	BA河系	23	2.96%	BAA观光休憩河段	22
						BAB瀑布	1
			BB湖沼	4	0.51%	BBA游憩湖区	1
						BBB潭池	3
			BC地下水	5	0.64%	BCA泉	5
			BE海面	12	1.54%	BEA休憩海域	11
						BEC小型岛礁	1
C生物景观	21	2.70%	CA植被景观	21	2.70%	CAA林地	8
						CAB独树与丛林	10
						CAD花卉地	3
D天象与气候景观	3	0.39%	DA天象景观	3	0.39%	DAA天空景象观赏地	3

续表

主类	主类数量	主类比例	亚类	亚类数量	亚类比例	基本类型	数量
E建筑与设施	364	46.79%	EA人文景观综合地	255	32.78%	EAA社会与商贸活动场所	14
						EAB军事遗址与古战场	4
						EAC教学科研实验场所	24
						EAD建设工程与生产地	139
						EAE文化活动场所	15
						EAF康体游乐休闲度假地	39
						EAG宗教与祭祀活动场所	20
			EB实用建筑与核心设施	109	14.01%	EBA特色街区	19
						EBB特性屋舍	14
						EBC独立厅、室、馆	2
						EBE桥梁	2
						EBG堤坝段落	29
						EBH港口渡口与码头	7
						EBJ陵墓	2
						EBK景观农田	34
F历史遗迹	70	9.00%	FA物质类文化遗存	39	5.01%	FAA 建筑遗迹	39
			FB非物质类文化遗存	31	3.98%	FBA民间文学艺术	6
						FBD传统演艺	25
G旅游购品	70	9.00%	GA农业用品	58	7.46%	GAA种植业产品及制品	22
						GAB林业产品及制品	24
						GAC畜牧业产品及制品	1
						GAD水产品及制品	11
			GB工业用品	8	1.03%	GBA日用工业品	8
			GC手工工艺品	4	0.51%	GCD陶瓷	2
						GCE金石雕刻、雕塑制品	2
H人文活动	61	7.84%	HA人事活动记录	29	3.73%	HAA 地方人物	25
						HAB地方事件	4
			HB岁时节令	32	4.11%	HBA宗教活动与庙会	9
						HBC现代节庆	23

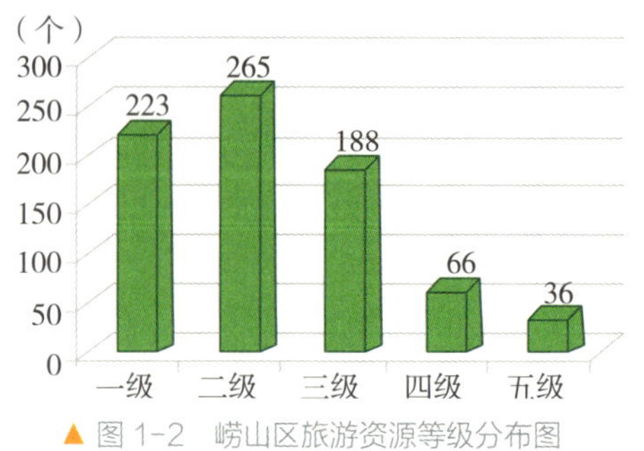

▲ 图 1-2 崂山区旅游资源等级分布图

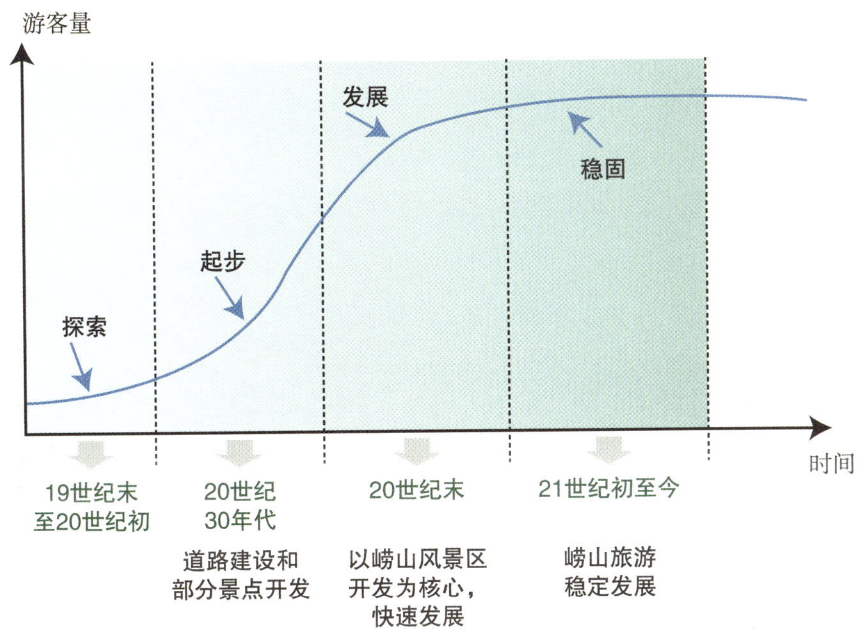

▲ 图 1-3　崂山区旅游产业发展演变

（二）全域旅游视角下的特色旅游资源

在全域旅游视角下，资源范畴由传统旅游资源观下的自然与文化资源拓展到产业资源、城市资源、乡村资源等。崂山区旅游资源整体呈现七大主题类型：山海奇观、璀璨非遗、历史遗迹、道教丛林、繁荣产业、城市风韵和乡村田园。主题资源品级

▲ 崂山巨峰奇观

▲ 惊涛骇浪　潮涌浪高

高、组合优势明显，山海奇观、道教丛林独一无二，旅游发展潜力巨大，为景区、城市、乡村、海洋全时度假产品开发提供了无限可能。

1. 山海奇观

崂山，因海而生、因山而名。

山——崂山屹立于黄海之滨，主峰“巨峰”海拔 1132.7 米，是中国海岸线第一高峰，素有“海上名山第一”的美誉，是首批国家级风景名胜区、青岛市唯一的国家 5A 级旅游景区。崂山，东高而悬崖傍海，西缓而丘陵起伏。崂山山脉以崂顶为中心，向四方延伸，形成了巨峰、三标山、石门山和午山四条支脉。崂山余脉沿海岸向北至即墨市的东部，西抵胶州湾畔，形成了青岛市区十余个山头和跌宕起伏的丘陵地形。

海——崂山东、南两面濒临黄海，海岸线长达103.7公里，海域面积3700平方公里。海洋环境保护良好，且具有得天独厚的岬角、海湾、礁石、海岸、海滩、海岛等优质海洋旅游资源。石老人、仰口、流清等海滩沙质优良、浪平坡缓，是天然海水浴场。

▲ 太清秋韵

水——崂山区境内主要河流共有 23 条，以崂顶为中心向四面八方流淌，多直流入海，源短、流急，属季节性河。崂山水纯净清冽，水质优良，含有多种有益于健康的矿物质，闻名遐迩的崂山矿泉水和青岛啤酒就以其为水源。

2. 道教丛林

崂山是道教名山，中国道教发祥地之一，曾有“九宫八观七十二庵”之繁盛，被称为“道教全真天下第二丛林”，拥有太清宫、上清宫、明霞洞等道教景点。据记载，崂山自春秋战国至秦汉时期，就有方士、巫师在崂山餐霞修炼，唐、宋两代崂山道教开始兴起，元、明两代达到鼎盛，至清代不衰。在崂山道教发展的漫长过程中，有李哲玄、刘若拙、邱处机、刘处玄、李志明、徐复阳、张三丰、孙玄清、耿义兰、齐本守等著名道人受过皇帝敕封。

3. 璀璨非遗

崂山区拥有各级非物质文化遗产共 47 项，涵盖传统口头文学、传统音乐、传统技艺等多种传统文化表现形式，其中，崂山民间故事、崂山道教音乐、螳螂拳 3 项为

国家级非物质文化遗产。

4. 历史遗迹

崂山历史悠久，现有区级以上文物保护单位 66 处，其中 11 处为国家级文物保护单位，3 处为省级文物保护单位。文人墨客刻石满山，宫观寺院碑碣林立，高山古洞摩崖连壁，蔚为大观。

5. 繁荣产业

崂山区产业资源富集，工业、文化、科技、海洋产业繁荣发展，为全域产业融合奠定良好的基础。

现代工业——崂山区现有 4 个国家工业旅游示范基地，其中 3 个为国家级，分别为青岛海尔工业园、青岛可口可乐有限公司、崂山区华东百利酒庄景区，1 个为省级，是崂山矿泉水有限公司。

▲ 青岛华东葡萄酒庄园音乐大酒窖

▲ 崂山区图书馆

文化产业——崂山区现有 298 个文化经营单位，其中有 2 个重要艺术基地，10 个名家工作室，14 个建筑面积超过 500 平方米的美术馆，10 家博物馆，1 个重点文化产业园区。

科技产业——崂山区现有国家级科研院所 6 家，国家级重点实验室 4 家，省部级重点实验室 22 家，歌尔科技产业园、海尔云谷、海信研发中心北航青岛研究院等特色园区聚集。

海洋产业——崂山区聚集了 50 余家海洋产业企业，有 2 个国家级海洋牧场，分别是青岛崂山湾海域国家级

▲ 田园风光

海洋牧场和青岛龙盘国家级海洋牧场。

6. 城市风韵

崂山区滨海城市客厅景观带与上合峰会城市灯光秀共同彰显城市活力；各大高校、博物馆、美术馆等展现城市文化底蕴；青岛国际啤酒节、中韩枯桃花会、沙子口鲅鱼节、王哥庄茶文化节和北宅樱桃节等特色节会共同传递城市人文魅力。

7. 乡村田园

乡村——崂山区有 110 多个获得省级以上乡村旅游称号的乡村，包含 2 个中国乡村旅游模范村、4 个全国农业旅游示范点和 1 个中国乡村旅游模范户，乡村旅游的数量和品质在山东省名列前茅，青山、雕龙嘴等被评为中国最美乡村，高品质打造东麦窑、解家河等，成为乡村振兴“崂山模式”的典型代表。

田园——崂山区拥有丰富的茶、樱桃、蓝莓、桃、杏、多肉等优质田园资源，生态基底优良，且多数田园与山海景观相互交融，全区有茶园面积约 11.98 平方公里，果园面积约 6.5 平方公里，粮食播种面积 1.4 平方公里，蔬菜播种面积约 3.3 平方公里。

三、崂山全域旅游发展现状

依托得天独厚的资源优势，崂山区旅游业起步较早，一直是青岛，也是整个胶东半岛旅游业发展的领头羊。崂山区旅游经历了“探索—起步—发展—稳固”阶段，现在正处于稳固发展阶段。自 2016 年入选首批国家全域旅游示范区创建单位以来，崂山区以“打造国际知名的山海度假旅游目的地，创建成为具有显著引领和示范效应的国家全域旅游示范区”为目标，通过深入整合相关资源，不断推动旅游业从观光旅游向休闲度假转变，使全域旅游发展焕发生机。

（一）旅游经济总量大幅攀升

1. 旅游经济增长速度快、产业规模大、产业地位不断提升

2018 年，崂山区接待游客人数 2020 万人次，旅游过夜游客人数达到 169.1 万人次，实现旅游综合收入 139 亿元，同比增长 20.2% 和 15.8%；旅游对 GDP 的贡献率近 20%，对财政收入的贡献率达到 17.8%，对就业的贡献率为 18.2%；旅游重大基础设施和公共服务设施建设资金投入金额约 13.8 亿元。旅游业已经成为崂山区名副其实的战略性支柱产业。

表 1-2　近三年崂山区旅游产业统计指标

指标＼年份	2016年	2017年	2018年
旅游接待游客人数（万人次）	1600	1680	2020
旅游过夜接待游客人数（万人次）	152.4	160.2	169.1
旅游综合收入（亿元）	105	120	139
旅游对GDP的贡献率（%）	19.1	19.3	19.9
旅游对财政收入的贡献率（%）	15.6	16.4	17.8
旅游对就业的贡献率（%）	16.8	17.3	18.2
旅游重大基础设施和公共服务设施建设资金投入金额（万元）	41485.84	62616.00	137963.9

2. 崂山风景区作为全区的龙头景区，保持稳定的增长态势

2017 年接待游客人数 365.6 万人次，实现旅游收入 7.7 亿元，其中门票收入约 1.62

亿元。2018 年接待游客人数 405.3 万人次，实现旅游收入 8.5 亿元，其中门票收入 1.78 亿元，年均增长速度均保持在 10%。

表 1-3　近三年崂山风景区旅游统计指标

年份 指标	2016	2017	2018
旅游接待游客人数（万人次）	331.9	365.6	405.3
旅游综合收入（万元）	69800	77000	85000
旅游门票收入（万元）	14600	16197.6	17800

（二）旅游产品体系日趋完善

1. 旅游景区和旅游度假区数量充足

拥有崂山风景区 1 个国家 5A 级旅游景区，石老人国家旅游度假区（1992 年经国务院批准成立的首批国家旅游度假区），青岛海昌极地海洋公园、崂山区华东百利酒庄景区、崂山区石老人观光园景区 3 个国家 4A 级旅游景区和二龙山风景区、青岛二月二生态农场景区、北涧天一顺生态园景区、枯桃将军山花艺生态园、崂山区大崂樱桃山谷景区、崂山区万里江茶博物馆景区、崂山区石湾森林公园景区、青岛市博物馆 8 个国家 3A 级旅游景区。

表 1-4　崂山区旅游景区和旅游度假区一览表

序号	旅游景区名称	等级	获评年份
1	崂山风景区	5A	2001
2	青岛海昌极地海洋公园	4A	2007
3	崂山区华东百利酒庄景区	4A	2010
4	崂山区石老人观光园景区	4A	2010
5	二龙山风景区	3A	2011
6	青岛二月二生态农场景区	3A	2012
7	北涧天一顺生态园景区	3A	2012

续表

序号	旅游景区名称	等级	获评年份
8	枯桃将军山花艺生态园	3A	2014
9	崂山区大崂樱桃山谷景区	3A	2014
10	崂山区万里江茶博物馆景区	3A	2014
11	崂山区石湾森林公园景区	3A	2016
12	青岛市博物馆	3A	2016
13	石老人国家旅游度假区	国家旅游度假区	1992

2. 主客共享的城市旅游业态更加丰富

建成石老人城市会客厅、国信如是文创园、星光里时尚休闲街区、青岛海昌极地海洋公园餐饮街等一批时尚消费新地标，免费开放青岛市博物馆、青岛金石艺术博物馆、崂山美术馆等 20 余个文博展馆。

表 1-5　崂山区城市旅游业态统计表

类型	业态构成
6个休闲街区	石老人城市会客厅、崂山湾国际生态健康城、国信如是文创园、星光里时尚休闲街区、时尚酒吧花园广场、青岛海昌极地海洋公园餐饮街
20余个文博展馆	青岛市博物馆、青岛市规划展览馆、青岛雕塑艺术馆、崂山茶文化博物馆、青岛金石艺术博物馆、崂山美术馆、青岛万里江茶博物馆、青岛九水生态园林博物馆、崂山绿石博物馆、青岛崂山湾渔村民俗博物馆、青岛朗艺艺术博物馆、二月二民俗技艺体验博物馆等
4大高校	青岛大学、中国海洋大学、青岛科技大学、潜艇学院
1大体育中心	青岛国信体育中心
1大剧院	青岛大剧院
1个活动中心	崂山区市民文化活动中心

3. 乡村旅游产业蓬勃发展

围绕乡村振兴战略，大力推进特色村镇及乡村旅游建设，已有中国乡村旅游模范村 2 个、全国农业旅游示范点 4 个、中国乡村旅游金牌农家乐 7 个、山东省旅游强镇 3 个、山东省旅游特色村 18 个、省级农业旅游示范点 16 个、省级三星级及以上农家乐 44 个（其中五星级 1 家、四星级 13 家、三星级 30 家）、省级精品采摘园 11 个、省级开心农场 3 个。全区农（渔）家宴、民宿旅馆总量达 1100 余家，床位近 9000 个，乡村旅游成为乡村产业的重要增长极和促进富民增收的重要途径。

4. 旅游住宿设施品质高、规模大

区内拥有五星级或相当于五星级标准酒店 8 家，四星级或相当于四星级标准酒店 30 家，三星级或相当于三星级标准酒店 61 家，引入如家、汉庭、7 天、途家斯维登等 10 余个经济连锁酒店品牌，崂山书院、瑜上山间、仙居崂山、乐活美宿等文化主题精品民宿初具规模，全区各类住宿设施近 2500 家。

▲ 崂山道教武术

5. 餐饮美食档次多、购物娱乐创意足

星光里时尚休闲街区引领文艺风尚、时尚酒吧花园广场可开怀畅饮、青岛海昌极地海洋公园餐饮街可尝遍各国美食、港东渔码头餐饮街会聚当地特产海鲜。有大型购物商场 4 家，崂山茶、大馒头、甜晒鲅鱼等一批特色旅游商品深受游客欢迎。推出《崂山道韵》精品道乐演出、《崂山道教武术》精彩展演等演艺活动。

▲ 甜晒鱼

6. 节庆赛事活动类型多、品牌响

始于 1991 年的青岛国际啤酒节蜚声中外，已

▲ 青岛国际啤酒节夜景

经成为国际知名的节事品牌。连续成功举办“崂山 100”国际山地越野赛和“崂山之巅”半程马拉松赛，被评为“最具人气赛事”和“最佳体验赛事”。北宅樱桃节、沙子口鲅鱼节、崂山茶文化节、中韩枯桃花会等特色旅游节庆活动精彩纷呈。

7. 旅行社数量多、积点成网

区内有国际旅行社 35 家，其中 5A 级旅行社 1 家、3A 级旅行社 8 家，经营出境

游业务的6家，国内大型旅行社分社7家。旅行社业务线上、线下相结合，为游客提供便捷化旅行服务。

（三）旅游综合效益不断显现

1. 深化景社融合，扶贫富民效果显著

建立景区、社区“双联动”工作机制，每年设立2000万元景区生态资源保护奖补金，对35个景区社区和关联社区、34800余名居民进行补偿和奖励。全域旅游发展间接带动约12万当地居民就业，2018年全区农村居民人均可支配收入达23884元，较2016年增长16%。发展旅游业为当地居民带来了非常现实的经济利益和环境效益，让老百姓有更多的获得感、幸福感和安全感。

2. 推进乡村振兴，有效改善农村人居环境

2016年以来，崂山区累计投入财政资金13.13亿元，提升旅游环境。推进城乡环卫一体化，创新实施网格化保洁，改善农村社区环境卫生条件。坚持乡村风貌不变、农民主体地位不变，按照生态、洁净、整齐、美丽的国家3A级旅游景区标准推进农村景观化、产业融合化、全域景区化，通过示范带动、成方连片，逐步把崂山乡村打造成为青岛的国际慢生活体验区、中国沿海的最美乡村群落。在2017年全国乡村振兴与双创新机遇高峰论坛上，崂山区以高分当选北方唯一的“青年国际乡村双创

优秀实践地”。

3. 倡导全民共建，社会环境风气良好

全面推行殡葬改革，推广文明祭祀，用创新性机制维护崂山的生态安全。大力倡导“无痕旅游”，组建 20 支文明旅游志愿者队伍，旅游志愿者人数达数千人，每年开展百余次旅游志愿活动。定期推出“春色崂山”“秋韵崂山”“冬趣崂山”等市民旅游季、“百万市民游崂山”等系列惠民活动。营造全民共建共享的社会氛围。

（四）区域旅游地位不断凸显

1. 崂山区旅游之于青岛

崂山区是青岛市旅游发展龙头引领区，是青岛市发展滨海度假的战略核心区。崂山风景区是青岛市唯一的国家 5A 级旅游景区，是青岛市的旅游名片，是来青岛游客最热衷的景点之一。崂山区年旅游接待人数占青岛全市旅游接待人数的 19%，是青岛市重要的游客接待地与旅游目的地。

▲ 崂山仙境海岸

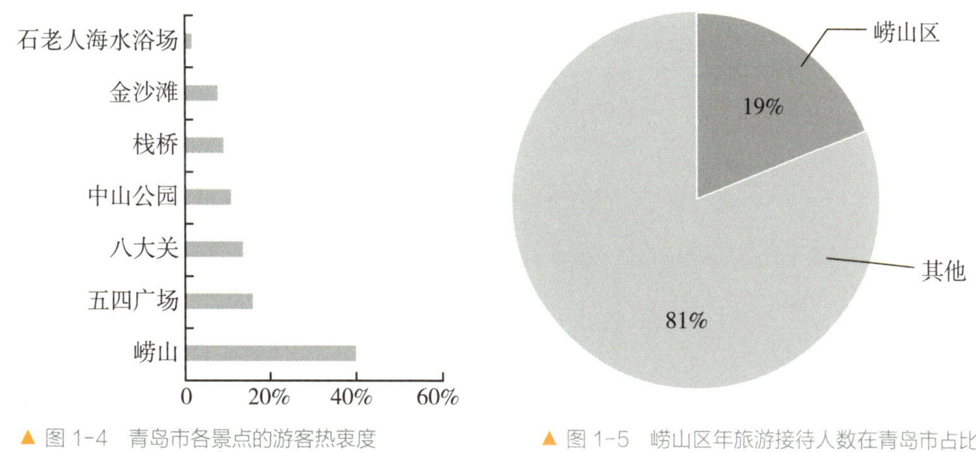

▲ 图 1-4 青岛市各景点的游客热衷度

▲ 图 1-5 崂山区年旅游接待人数在青岛市占比

2. 崂山区旅游之于山东

崂山在山东省内景区游客关注度中排名第四，是省内第三大热门景区，是山东省滨海旅游的领头羊。由中国社会科学院舆情实验室、中国旅游报社，联手人民网舆情

数据中心等机构主办的“中国旅游影响力调查 2018——山东省最具影响力十大景区”调查结果显示，崂山风景区在泰山风景名胜区、曲阜三孔旅游区、台儿庄古城景区之后，位列全省第四位。

2018 年 8 月 21 日，中国旅游研究院和马蜂窝旅游网共同成立的“自由行大数据联合实验室”发布《瑰丽华东：中国省域自由行大数据系列报告之华东地区》，山东 TOP10 热门旅游景点排行榜中，青岛独占 9 席，崂山风景区紧随栈桥、八大关景区之后，位列第三。

表 1-6　山东省内景区游客关注度 TOP10

排名	景区	指数
1	泰山风景名胜区	96.4
2	曲阜三孔旅游区	91.2
3	台儿庄古城景区	85.3
4	崂山风景区	83.7
5	济南天下第一泉景区	82.1
6	蓬莱阁旅游区	80.9
7	烟台龙口南山景区	77.6
8	山东梁山旅游景区	73.7
9	威海刘公岛景区	66.5
10	长岛旅游景区	66.2

第二篇 解读篇

全域旅游"崂山模式"的全面解读

崂山区深入坚持全域旅游发展理念，以党政统筹、创新旅游管理体制机制为引领，全面整合相关资源，大力发展精品旅游，不断推动旅游业从观光旅游向休闲度假转变、从景点旅游向全域旅游转变、从高速增长向优质发展转变，坚持“景城乡一体、山海空联动、全产业融合”的发展路径，开创了以体制创新为引领的“全域共建、精明增长”全域旅游崂山模式。

一、一大引领：体制机制创新

崂山区始终坚持以体制机制改革创新为引领，以旅游综合管理体制、旅游市场监管机制、旅游投诉处置机制、景社融合发展机制等方面的改革创新为重点，形成“党政统筹，部门联动，产业协同，社会参与”的现代旅游治理体系，解决了我国旅游业管理中长期存在的“小马拉大车”问题，破解了长期制约旅游业发展的“瓶颈”，为提高旅游业现代化管理水平提出“崂山方案”。

一是深化全域旅游综合管理体制改革。进一步加强党对文化和旅游工作的领导，以崂山风景区管理局为主体，把崂山区文化新闻出版局、崂山区旅游局、石老人旅游度假区管委会、青岛市啤酒节办公室等机构和人员全部整合，组建了区文旅委，工委书记由崂山区委书记担任，副书记由区长、景区管理局常务副局长、区委常委、宣传部长担任，主任由景区管理局常务副局长担任，副主任由副区长和景区管理局副局长担任，内设 11 个职能处室，对全域旅游工作实施党政统筹、统一指挥、顶格推进。在区内 5 个街道办事处均设立旅游服务中心，构建高位推动、区街联动的全域旅游综合管理体制。

二是创新“1+4+N”旅游市场监管机制。成立全区旅游秩序综合整治领导小组和景区行政执法大队、旅游市场监督管理所、旅游巡回法庭、景区交通运输管理所 4 个专业旅游执法机构，以及多个联合执法、假日投诉、重点景区整治办公室。创新旅游市场监管方式，构建以公安交警“天网”为依托的 270 余处旅游秩

▲ 崂山城区新姿

序视频监控系统。

三是创新旅游投诉处置机制。设立全区统一的集咨询服务、投诉受理、产品推介于一身的旅游热线 96616，对所有涉及旅游的咨询投诉事项，实行“一个号码对外、一个平台接入、一个单子转办、一个体系督办”。建立快速处理与先行赔付制度，形成旅游纠纷快速处置联动机制，保证旅游投诉和各类舆情能够及时答复、妥善处理。

四是创新景社融合发展新模式。建立景区、社区“双联动”工作机制，每年设立 2000 万元景区生态资源保护奖补金，对景区周边 35 个景区社区和关联社区、34800 余名居民进行补偿和奖励。区文旅委专门成立社会事务处，负责景区与社区融合发展工作总协调。建立崂山风景区各游览区管理处处长兼任街道党工委副

书记的“双挂职”领导体制。

五是健全旅游行业自律机制。崂山区充分发挥旅游行业协会对推动全域旅游发展的积极作用，积极鼓励行业协会组织发展，监督行业组织的规范化发展。为推进旅游业自我发展和社会治理能力，崂山区先后成立了旅游商会、游钓协会、大馒头协会、民宿协会等特色行业组织。鼓励旅游行业组织的发展，加强旅游行业组织自身能力建设，搭建政企沟通平台，建立行业诚信体系，形成行业自律机制，提高旅游社会治理能力和自我发展与管理能力。

二、两层内涵：全域共建　精明增长

（一）全域共建

全域共建，是对全域旅游发展理念的深刻理解和实践，是对崂山区党政统筹、全面推进全域旅游示范区创建工作的高度概括和凝练，是对崂山区通过“上山下海”“美丽崂山”战略构建旅游业全域立体发展格局的全面展示和体现。主要包括以下内涵：

一是全部门联动，区文旅委顶格协调、统筹发改、财政、国土、规划、公安、工商、交通等政府部门，形成综合产业综合抓的局面。二是全资源整合，对各类公共资源和财政资金进行全区整合、统筹，加大资金支持力度，创新金融扶持方式。三是全产业融合，以旅游产业为引领，以“旅游＋”“＋旅游”为手段，构建全产业融合发展的现代产业体系。四是全区域优化，从城镇到乡村、从海滨到山林，共筑美丽崂山。五是全社会参与，全民总动员共同为全域旅游发展做贡献，营造良好的全域旅游氛围。

（二）精明增长

精明增长，是在提高土地利用效率的基础上控制城市扩张、保护生态环境、服务经济发展、促进城乡协调发展和人们生活质量提高的发展模式。

崂山区全域旅游精明增长，是受国家风景名胜区、国家森林公园、省级自然保护区、水源地等多重保护和制约下的突破，是在城乡可用建设用地极度紧缺下实现集约、高效发展的创新，是创新管理体制机制、发展全域旅游的有益探索。主要包括以下内涵：

第一，精准发展，突出崂山比较优势，结合自身资源发展特色产品，塑造崂山区特有的旅游个性和品牌。第二，高效发展，面向中高端旅游市场，开发消费档次高、服务品质高、附加值高的旅游产品业态，全面提升旅游产业效益。第三，融合发展，通过景城融合、城乡融合、产业融合、区域融合、生态融合，全面激活资源价值，不断创新产品业态，拓展旅游发展空间。

三、三条路径

（一）景城乡一体

依托崂山风景区的核心吸引力，推动旅游业空间布局由沿海一线向全域延伸、多点支撑转变，形成海上仙山风景区、崂山国际旅游城、都市田园休闲区、康养婚旅度假区与活力海湾休闲区五大功能区，重构景城乡一体的全域旅游新格局。

一是景城一体化。多年来，崂山区以“全域皆景区”的理念来进行城市规划建设和环境打造，建成石老人城市客厅，完成 10.5 公里的前海景观提升工程，打通滨海步行道，建设 14 处“口袋公园”和 44 处人文街景小品，打造钓鱼台酒店、美高梅酒店、米其林餐厅、星光里时尚休闲街区等一批时尚消费新地标，免费开放青岛市博物馆、青岛金石馆、崂山美术馆等 20 余家文博展馆。

二是景社一体化。坚持乡村风貌不变、农民主体地位不变，坚持农村景观化、产业融合化、全域景区化同步推进，3 年累计投入 20 亿元，按照国家 3A 级旅游景区标准实施乡村振兴战略，东麦窑仙居崂山、凉泉理想村、解家河国际艺术村等一批高品质乡村快速崛起。通过示范带动、成方连片，逐步把崂山乡村打造成为青岛的国际慢生活体验区、中国沿海的最美乡村群落。

三是城乡一体化。推出乡村主题旅游线路，发行全域旅游运营通卡，促进城乡旅游一体化；开通地铁 2 号线和 11 号线，全区 98 条公交线路实现 500 米覆盖率 98% 以上，实现城乡交通一体化；完善“3+X”城乡环卫市场化运作模式，全面实现农村垃圾规范化处理，农村生活垃圾清运处理率达到 100%，实现城乡环卫一体化；建设

▲ 多彩新崂山

怡居宜业的现代化山海品质新城，建设生态、洁净、整齐、美丽的新田园生活体验示范区，实现城乡风貌一体化。

（二）山海空联动

深入推进“上山下海”战略，开通海上旅游航线和空中旅游航线，进一步完善旅游产品体系，“海、陆、空”立体旅游格局初步形成。

一是加快发展海上旅游。总投资 13.8 亿元，新建改造太清、仰口等游船码头，开通流清—太清—仰口海上游览线，创造“海上看崂山”独特体验。2017 年 5 月 7 日，太清航线正式运营，是“上山下海”战略落地的重要标志和突破。该航线创新开展了“海上第一缕阳光”“青岛第一祈福红码头”等营销活动。

二是率先发展低空旅游。“飞阅崂山”是首批国家级通用航空旅游示范工程之一，打造省内县级行政区中第一个标准化机场、第一个系统化运行的低空观光项目。项目现已完成仰口临时起降点建设，在旅游旺季期间，日均起飞 40 架次，试运营效果良好，获得了市场的高度认可。

（三）全产业融合

坚持全产业融合发展，持续激发“旅游+”和“+旅游”聚集产生新动能，加快形成多元融合、附加值高、成长性好的旅游新业态，产业发展由单一业态向多业态深度融合转变，结构类型由传统观光向休闲度假转变。

一是推动文化产业与旅游业的融合。重点推进大河东文旅小镇建设，打造如是书店、崂山书院、崂山书房、绿石博物馆等一批精品文旅融合业态，推出《崂山道韵》道乐、《崂山道教武术》等文化演艺项目，举办非物质文化遗产节、“崂山论道”、太清宫方丈升座庆典、“天下螳螂拜祖庭”、“太平晓钟祈福”等文化活动，以“活起来”的

▲ 道家武术

方式让崂山悠久的传统文化绽放光彩。

二是推动健康产业与旅游业的融合。着力推进崂山湾国际生态健康城建设，发展国际高端医疗、健康科技创新以及康养休闲度假三大百亿级产业集群，打造“国际尖端诊疗健康枢纽、全球前沿健康产业创新中心、东北亚高端健康旅游目的地”。目前，崂山湾国际生态健康城已获批成为国家健康旅游示范基地，被纳入山东省新旧动能转换重大工程，成为山东省创建全国医养结合示范省和青岛市国际海洋名城行动的重要组成部分。

三是推动体育产业与旅游业的融合。积极举办崂山 100 公里国际山地越野挑战赛和崂山之巅国际山地半程马拉松赛，比赛线路将崂山风景区内所有著名景点串联其中，无敌海景环绕美丽渔村，被誉为“中国最美赛道”。崂山 100 公里国际山地越野挑战赛，是国际越野协会（ITRA）的全球重要积分赛事之一，已连续举办四年，被纳入国家级体育旅游示范项目。

四是推动农业与旅游业的融合。进一步优化农业产业组织，瞄准产业链条高端，加快以精致农业、体验农业为特色的都市农园、休闲农场和乡村旅游项目建设力度，形成枯桃将军山花艺生态园、青岛二月二生态农场景区、崂山茶苑、崂山区大崂樱桃山谷景区、北涧天一顺生态园景区等若干休闲农业项目，已有全国农业旅游示范点、省级农业旅游示范点和各类特色农业旅游称号 110 多个，培育遍布崂山大地的现代农业旅游示范园集群。

五是推动工业与旅游业的融合。崂山区较早开始探索旅游与现代工业的融合发展，青岛海尔工业园、崂山区华东百利酒庄景区早在 2001 年被国家旅游局确定为首批国家工业旅游示范基地。在 2016 年 11 月召开的全国工业旅游创新大会上，青岛海尔工业园被国家旅游局授予“国家工业旅游创新单位”称号。崂特啤酒、特锐德电气、华仁制药等工业企业正在积极进行工业旅游项目策划，优化工业资源配置，推进旅游与工业的融合发展。

第三篇 体制篇

高规格统筹，创新体制机制

进入全域旅游时代后，崂山区审时度势、科学决策，果断实施了旅游管理体制机制改革，走出了一条党政统筹、条块协同、运转高效、共建共享的全域旅游发展路子。

一、顶格推进，成立正区级文旅综合管理机构

全域旅游的核心理念是以旅游业为主导或引导，在全区域进行合理、高效的生产要素配置，并充分发挥旅游业关联面广、融合度高、拉动力大的作用，促进各关联产业的互相渗透和融合发展，进而促进区域经济社会协调发展。同时，旅游产业与其他相关产业融合发展的客观要求，也带来了资源配置、协调上的困难。在我国现行的社会治理体系中，各项行政权力，不同类别的旅游资源所有权、管辖权、使用权等分散在不同的行政部门手中，旅游管理一直是“九龙治水”的格局，各部门职责交叉、各自为政，必须通过创新文旅综合管理体制来进行顶层设计和统筹协调。

崂山区委区政府充分意识到了这一点，改革创新旅游综合管理机构，成立了由区委书记担任工委书记的区文旅委，通过对涉旅机构、职责和人员进行全面整合，实现了全域旅游综合管理体制的“最高配置”和“最全配置”。

（一）机构演变：坚持党对一切工作的领导

2017 年 7 月，崂山区委将崂山风景区管理局、崂山区旅游局、青岛市啤酒节办公室、石老人国家旅游度假区管理委员会的景区管理、旅游发展和节庆会展等职能、人员编制及平台全部整合，成立崂山区旅游发展委员会。工委书记由崂山区委书记担任，副书记由区长、景区管理局常务副局长担任，主任由景区管理局常务副局长担任，副主任由副区长和景区管理局副局长担任，内设 11 个职能处室，对全域旅游工作实施党政统筹、统一指挥、顶格推进，变“多头管理”为“一体运作”。

2019 年 2 月，根据党中央机构改革精神，崂山区委在维持机构编制框架不变的前提下，将崂山区文化和旅游局与崂山区旅游发展委员会整合为崂山区文化和旅游发展委员会。从区旅发委到区文旅委，原党工委书记、副书记及领导班子成员保持不变，区委常委、宣传部长新兼任区文旅委党工委副书记，党对文化和旅游工作的领导进一步增强。

（二）人员构成：区委书记、区长亲自挂帅

区文旅委由区党政一把手亲自挂帅，领导班子成员包括 3 位正区级领导、7 位副区级领导，机构规格和地位之高在全国县级城市绝无仅有。区文旅委共有行政编制 46 个、机关工勤 6 个、事业编制 505 个、参公 10 个。创新机构设置和人员管理，所有工作人员根据实际工作和岗位需要进行优化配备，统一组织领导、统一人员管理、统一定岗定责、统一集中办公。

（三）主要职责：全域一体化综合管理赋能

区文旅委负责统筹推进全区文化和旅游发展工作，实现了由“多头化管理”到“一体化运作”的升级转变，统一规划布局，优化全区文化和旅游空间；统一管理指导，加强产业引导和旅游秩序整治；统一市场运作，做大做强旅游平台公司；统一宣传推介，创新方式全方位展示崂山旅游形象。总体承担起旅游资源整合与开发、旅游规划与产业促进、旅游监督管理与综合执法、旅游营销推广与形象提升、旅游公共服

务与资金管理、旅游数据统计与综合考核等综合管理多项职能。具体职责包括：

1. 贯彻执行国家和省、市关于旅游、风景区管理、文化艺术、新闻出版工作等方面的法律、法规、规章和政策。

2. 拟订旅游业发展战略规划，并组织实施；拟订各专项旅游规划并组织实施；拟订全区文化艺术、新闻出版事业发展规划，并组织实施；推进文化和旅游规划与“多规合一”的有效衔接。

3. 组织旅游资源普查，统筹协调旅游资源的管理、保护、开发与利用；指导重点旅游区域、旅游目的地、旅游线路的规划开发；监测旅游经济运行，负责行业信息统计和发布。

4. 统筹引导、培育规范旅游业发展，推进与相关产业融合；拟订旅游产业促进政策，负责全区的旅游招商工作，协调推进重大旅游项目开发建设；推进高端旅游、乡村旅游、休闲旅游、生态旅游等旅游新业态发展。

5. 负责旅游行业管理，负责旅游行业标准化工作，组织旅游企业参与等级评定；指导行业精神文明和诚信体系建设。

6. 负责旅游市场及旅游新兴业态监管；推动全区文化艺术创作和文化服务活动，扶持文艺精品；规范旅游企业和从业人员的经营和服务行为；指导旅游培训工作；规范旅游市场秩序，监督管理旅游服务质量；强化旅游执法工作，维护旅游消费者和经营者合法权益；依法行使对全区文化市场管理的行业监管，规范文化市场；承担区“扫黄打非”工作领导小组办公室的日常工作。

7. 强化旅游综合协调，协调推进部门合作、景社融合，推动旅游基础设施建设管理，优化旅游公共服务；推进公共服务体系建设和智慧旅游发展工作，构建集咨询服务、信息推送、大数据分析研判于一身的旅游公共服务体系；承担区全域旅游工作领导小组日常工作。

8. 负责旅游行业安全应急工作，制定旅游行业突发事件应急预案，组织协调应急处置和应急救援工作，负责对旅游行业安全生产进行监督管理。

9. 负责青岛国际啤酒节的总体策划、筹备和组织工作；组织协调重大节庆和会展活动，提升规模、品质和效益。

10. 负责旅游对外交流与合作，宣传推广全区旅游形象。

11. 负责核心景区内风景名胜资源及石老人礁岩景区的保护、利用和统一管理，建立健全风景名胜资源档案和监测系统，对风景名胜资源实施严格保护；履行崂山省级自然保护区（崂山区域）的管理职能。

12. 组织、协调全区重大文化艺术、新闻出版活动；规划、组织全区公共文化服务体系建设，参与区级重点文化设施建设，引导公共文化产品生产，指导基层文化设施建设；指导、管理全区社会文化、公共图书馆事业；指导基层文化活动及基层文化教育培训；推动全区文化艺术创作和文化服务活动，扶持文艺精品；指导、管理文化艺术、新闻出版方面的对外交流工作。

13. 负责挖掘、推介和利用崂山文化资源，拟订崂山文化资源保护措施；拟订全区文物、非物质文化遗产保护规划，指导、管理全区文物保护、利用及与文物相关的公益活动，组织实施非物质文化遗产保护和优秀民族文化的传承普及工作。

14. 指导、培育全区文化产业发展，负责或参与制定文化产业发展规划和政策，并组织实施；管理电影放映工作，指导、协调重大电影活动。

15. 承办上级和区委区政府交办的其他事项。

（四）内设机构：十一个职能处室各司其职

按照全新的功能定位，打造全新的部门设置，区文旅委设 11 个职能处室，综合处室精简优化设置，业务处室突出强化主业。通过部门优化设置和流程再造，激发团队内生动力，提升管理服务水平。

1. 办公室

负责协调委机关日常工作；负责文电、会务、机要、保密、保卫、信访、政务公开、档案管理、后勤保障、信息宣传、建议提案办理等工作；拟订工作制度、工作计划并监督实施；负责综合性文稿的起草工作；承担重要事项的组织和督查督办工作，强化内部考核和统筹调度；负责委机关国有资产管理工作。

2. 政工处

负责委机关组织人事、机构编制等工作；负责党组织建设、党员管理和发展党员工作；负责党员、干部、职工的教育培训工作；负责权限内人员考录、调配、人才引进、考核、奖惩、辞职、辞退、退休等工作；负责事业单位岗位设置和职称评聘工作；负责劳动用工、工资核定及社保管理工作；负责精神文明建设、双拥共建、统战、普法等工作；负责工资、老干部统计及离退休人员管理服务工作；负责办理因公出国手续。

3. 产业发展处

统筹协调全域旅游发展，拟订旅游业发展战略规划并组织实施；拟订各专项旅游规划并组织实施；组织开展旅游资源的普查、保护与开发利用工作；负责推进高端旅游、乡村旅游、休闲旅游、生态旅游发展等旅游新业态发展。拟订旅游产业促进政策，负责全区的旅游招商工作，推动旅游业与相关产业深度融合；负责研究和推进旅游业综合改革工作；协调推进旅游新业态发展，优化旅游产业结构和产品体系；培育壮大市场主体，协调推进并参与重大旅游项目的规划、论证和开发；指导旅游投融资工作，引导金融机构、基金等资本投资旅游业；负责旅游经济运行监测和旅游统计、分析及信息发布；负责拟订旅游发展评价指标体系及考核办法；负责组织实施国家、省、市旅游行业标准，加强监督检查；按照权限组织实施旅游企业等级评定，开展星级饭店、国家 A 级景区（点）等达标创建工作；按权限负责旅行社设立初审、分社和服务网点的设立备案和行业管理工作；组织指导旅游行业人才队伍建设和旅游培训工作；指导旅游行业协会开展工作；负责旅游综合协调和督查督办，承担区全域旅游工作领导小组办公室日常工作。

4. 市场开发处

拟订旅游市场开发规划并组织实施，建立完善崂山旅游市场整体营销体系；负责旅游形象宣传推广，打造崂山旅游品牌；负责旅游市场调研、分析，指导重点旅游区域、旅游目的地、旅游线路和旅游产品的规划开发，优化旅游产品结构，引导旅游商品的开发和推广，发展旅游文化创意产业；负责旅游对外交流与合作，深化旅游区域合作；负责全区 CI（统一形象识别系统）的推广与落实；负责协调民族宗教相关工作。

5. 文化处

贯彻执行党和国家有关文化艺术、新闻出版工作的法律法规及相关政策，拟订全区文化艺术、新闻出版事业发展规划，并组织实施；组织、协调全区重大文化艺术、新闻出版活动；规划、组织全区公共文化服务体系建设，参与区级重点文化设施建设，引导公共文化产品生产，指导基层文化设施建设；指导、管理全区社会文化、公共图书馆事业；指导基层文化活动及基层文化教育培训；推动全区文化艺术创作和文化服务活动，扶持文艺精品；指导、管理文化艺术、新闻出版方面的对外交流工作；负责挖掘、推介和利用崂山文化资源，拟订崂山文化资源保护措施；拟订全区文物、非物质文化遗产保护规划，指导、管理全区文物保护、利用及与文物相关的公益活动，组织实施非物质文化遗产保护和优秀民族文化的传承普及工作；指导、培育全区文化产业发展，负责或参与制定文化产业发展规划和政策，并组织实施；管理电影放映工作，指导、协调重大电影活动；依法行使对全区文化市场管理的行业监管，规范文化市场；承担区“扫黄打非”工作领导小组办公室的日常工作。

6. 规划建设处（挂资源管理处牌子）

负责景区规划的编制、报批及组织实施，推进旅游规划与“多规合一”的有效衔接；负责旅游项目的规划定点、建筑方案的审查、工程建设的监督，协调推进重点旅游项目建设工作；负责核心景区内风景名胜资源及石老人礁岩景区的保护、利用和统一管理，建立健全风景名胜资源档案和监测系统，对风景名胜资源实施严格保护；负责旅游基础设施和公共服务设施的规划、建设和维护；指导旅游景区、旅游度假区、旅游厕所的建设等工作。

7. 节庆处（区节庆中心，对外暂保留青岛市啤酒节办公室牌子）

负责青岛国际啤酒节的总体策划、筹备和组织工作；组织协调重大节庆和会展活动，提升节庆会展的规模、品质和效益；负责挖掘田园农耕、渔家风情、滨海生态等资源，统筹做好北宅樱桃节、沙子口鲅鱼节、王哥庄茶文化节、中韩枯桃花会等特色节庆活动。

8. 财务处

贯彻执行有关财务管理的法律、法规和制度；拟订旅游中长期财政计划，编制年度财务预决算，定期报告收支情况；参与投资项目可行性论证；负责基本建设支出安排；负责建设项目工程预算编制审查、决算审核工作，对工程投资资金进行监督管理；负责国有资产管理工作；负责委机关财务工作，指导基层单位财务工作并实施内部财务审计；负责票务管理工作。

9. 综合管理处（挂区文旅委安全生产监督管理委员会办公室牌子）

负责统筹协调行政执法工作，加强与相关部门的执法联动；统筹负责景区旅游投诉办理（含景区内、景区外投诉）及督查落实；负责组织实施旅游市场秩序综合整治工作，规范旅游景区、旅行社、导游员等旅游企业和从业人员的经营和服务行为，监督管理旅游服务质量，维护旅游消费者和经营者合法权益；指导旅游服务品牌、旅游行业精神文明和诚信体系建设；会同相关单位做好环境卫生、交通秩序等工作，优化旅游环境；负责旅游厕所的管理和等级评定等工作。

10. 社会事务处

负责牵头拟定景区与社区统筹发展规划和政策；负责建立基层管理处包片联系社区、各内设机构分片协同工作机制；负责组织开展走访活动，宣传景区相关政策规定，汇总社区和群众反映的问题并提出办理意见；会同有关部门促进全域旅游、乡村旅游发展。

11. 公共服务中心（挂应急指挥中心牌子）

负责旅游信息化建设工作，推进智慧旅游发展，优化旅游公共服务，构建集咨询服务、信息推送、大数据分析研判等要素于一身的旅游公共服务体系；负责旅游服务热线、网上信箱等受理工作，统一接转办理旅游投诉并督查落实，并做好与相关执法部门、区公共服务热线平台等的衔接配合工作；建立游客评价和反馈机制，协助做好旅游行业标准执行情况、旅游景区服务质量、旅游市场秩序、行业满意度等评价工作；负责区文旅委政务值班工作；负责崂山风景区数字化景区建设、信息收集与发布、网络建设、电子门禁和监控系统的管理与维护工作；负责全国旅游监管服务平台推广应用等相关工作；建立健全旅游高峰期大客流应对处置机制和旅游安全预警信息发布制度，会同有关处室做好旅游突发事件处置及应急指挥工作。

同时，按规定设置纪检监察机构、机关党委、工会、团委。下设崂山林场、行政执法大队及流清游览区、巨峰游览区、太清游览区、华严游览区、仰口游览区、九水游览区、华楼游览区七个管理处。崂山风景区行政执法大队实行区文旅委和区综合行政执法局双重管理，日常管理以区文旅委管理为主。

二、重拳出击，构建“1+4+N”旅游市场监管机制

崂山区积极创新市场监管机制，构建“1+4+N”旅游市场监管机制，即成立全区

旅游秩序综合整治领导小组和旅游市场监督管理所、旅游巡回法庭、景区行政执法大队和景区交通运输管理所 4① 个专业旅游执法机构，建立多个联合执法、假日投诉、重点景区整治办公室。旅游执法机构不断健全，旅游执法队伍不断壮大，总体形成网格化、全时化的旅游市场监管机制。

（一）加强领导，组建旅游秩序领导小组

成立由区政府、区文旅委主要领导任组长，区政府、区文旅委分管领导、崂山公安分局主要领导任副组长的崂山区旅游秩序综合整治领导小组，领导小组下设办公室，办公室设在区文旅委综合管理处，负责指导、组织、监督、检查综合整治工作开展，协调相关事宜，成员单位由区政府相关职能部门及各街道组成。

1. 工作制度

建立旅游秩序综合整治联席会议制度。成员由旅游、治安、交警、交通、市场监管等部门组成，定期或重要节假日和重大活动前召开专题会议，调度、布置旅游市场秩序整治工作。

成立区旅游联合执法办公室和旅游投诉中心。由区文旅委综合管理处、区市场监督管理局、区食品药品监督管理局、区交通运输局、崂山公安分局（治安大队、交警大队）等部门安排 1 ~ 2 名专职人员，在联席会议办公室领导下，负责旅游市场秩序联合执法检查、应急处置、旅游投诉现场处置等工作。

建立属地化执法、教育和考核机制。各街道按照方案要求定期研究旅游秩序整治工作，强化社区居民教育，将社区居民违规拉客、揽客的行为，参照街道对社区的考核办法进行惩罚，与社区奖补福利等政策挂钩。

2. 工作目标

针对青岛旅游“峰会效应”“旺季效应”“假日效应”和“暑期效应”多重叠加的特点，精心谋划，迅速行动，集中力量打击和查处各类扰乱旅游市场秩序、侵害旅游者权益的违法违规行为，坚决实现“三个不发生”和“三个一律”的工作目标（“三

---

① 2018 年，崂山区设立景区食药所。2019 年 3 月，区食品药品监督管理局与市场监督管理局合并，原设立的景区食药所随之合并，“1+5+N”旅游市场监管机制调整为“1+4+N”。

个不发生”即：不发生商家欺客宰客恶劣影响事件，不发生“黑车野导”诱骗游客重大舆情事件，不发生大面积游客滞留景区混乱事件；“三个一律”，即：发现造成重大影响的违法违规行为，一律先停业、后查处，一律由各部门依法顶格严厉惩处，一律纳入失信联合惩戒黑名单），全力巩固和打好旅游秩序综合整治保卫战，保持旅游旺季平稳的市场秩序，努力维护青岛崂山旅游城市的美誉度。

（二）专业执法，设立旅游执法专门机构

相继设立旅游市场监督管理所、旅游巡回法庭、景区行政执法大队和景区交通运输管理所 4 个专业旅游执法机构，不断壮大旅游执法队伍。

表 3-1 崂山区旅游专业执法机构一览表

机构名称	成立时间	主要职责
崂山风景区综合行政执法大队	2018年1月	以景区综合行政执法局名义，集中行使崂山风景区核心游览区、国有林地范围内的综合执法权及全区范围内的旅游管理领域的行政处罚权
旅游市场监督管理所	2018年1月	负责市场监管职责范围内全区旅游市场监管和消费者合法权益保护工作
旅游巡回法庭	2018年3月	处理全区范围内涉及旅游者以及旅游经营者、服务者的旅游服务合同、餐饮服务合同、买卖合同、人身损害、财产损害赔偿等各类民商事纠纷
景区交通运输管理所	2018年1月	负责崂山风景区以及全区黑车、违规拉客、交通违法等严重扰乱旅游秩序的违法行为监管工作

1. 崂山风景区综合行政执法大队

设立崂山风景区综合行政执法大队，集中行使崂山风景区核心游览区、国有林地范围内的综合执法权及全区范围内的旅游管理领域的行政处罚权，日常管理以区文旅委管理为主，业务上接受区综合行政执法局的指导。区文旅委负责管辖范围内行政执法的组织部署、指挥调度和综合处置。崂山风景区行政执法大队的机构和人员编制保留在区综合行政执法局，由区文旅委办理机构编制日常业务。

▲ 旅游秩序联合执法

2. 旅游市场监督管理所

为进一步提升崂山区旅游市场监管工作效能，2018 年 1 月 9 日，崂山区机构编制委员会下发通知正式设立旅游市场监督管理所，牵头负责市场监管职责范围内全区旅游市场监管和消费者合法权益保护工作。一是积极开展消防安全隐患治理工作，加强特种设备安全监管，对辖区存在消防安全隐患的企业进行集中联合清理排查。二是全力维护消费安全秩序，对辖区的旅游景点、购物市场、商务酒店等消费市场重点行业和领域进行提前规范、重点巡查。三是扎实推进消费维权工作，严格落实值班制度，及时接收、按时回复各类投诉举报件。崂山区旅游市场监督管理所主动融入全区工作大局，夯实基础工作，创新服务举措，稳步有序地推进各项工作再上新台阶。

3. 旅游巡回法庭

近年来，随着崂山区文化旅游产业的蓬勃发展，涉旅的新类型纠纷逐渐增多，纠纷诉求内容也呈现多样化。为切实有效地解决好涉旅行业纠纷，建立融“法律帮助、诉前调解、诉调对接、巡回审判”为一体的一站式服务机制，达到就地、快速、有效化解矛盾纠纷以及更好地服务旅游业健康发展大局的目标，区法院决定设立旅游巡回法庭和旅游纠纷诉调对接中心。办公场所设置在大河东游客服务中心，并同时在崂山风景区各游览区具备条件的游客中心设置多个工作点，处理全区范围内涉及旅游者以及旅游经营者、服务者的旅游服务合同、餐饮服务合同、买卖合同、人身损害、财产损害赔偿等各类民商事纠纷。

4. 景区交通运输管理所

崂山风景区客流量大，且散客居多，容易发生各种涉旅交通违法违规行为，给崂山旅游的美誉度和游客合法权益造成损害。为进一步优化旅游交通环境秩序，成立景区交通运输管理所，坚决打击拉客、野导、黑车、交通违法等严重扰乱景区旅游秩序的违法行为。一是利用车牌识别、网络监控等智能化手段，加强部门联动，每日开展 1 ~ 2 次的多部门联合拉网清查行动，有效遏制违规拉客现象。二是开展打击出租车违规经营专项整治行动，主要针对景区周边出租车不打表、拼客、拒载、欺客宰客等现象，全力为市民及游客营造规范有序的出行环境。

▲ 区市场监督管理局执法检查

（三）融入天网，旅游视频监控全域覆盖

创新打击“黑车、野导”执法监管模式，以公安交警“天网”为依托，构建了与公安、交警视频监控网络无缝衔接，包括 270 余处旅游秩序视频监控系统，覆盖全区全部重点区域和路段，通过全域信息化监控和违法即时处罚双重手段，对扰乱旅游秩序行为形成有效打击和威慑。

1. 升级视频监控系统，布控天网

在崂山区重点旅游沿线及主要旅游区设置了 270 余处视频监控抓拍系统和 17 台客流统计监控设备，监控信号已接入崂山区文旅委指挥中心，并实现与公安、交警视频监控网络的无缝衔接。监控系统对监测主要游客聚集区的人流密度、应急系统广播、预警信息发布，提高旅游安全防控能力发挥重要作用。

2. 入驻交警指挥中心，联合执法

区文旅委安排专人进驻崂山交警指挥中心，借助智慧景区视频监控系统和公安、交警创新打造的“天眼”监控系统，对重要区域、节点实施重点监控，发现拉客行为，进行有效取证，并第一时间通过旅游秩序违规联动处置平台通知执法巡逻人员处置。对打击非法拉客等行为、维护旅游秩序起到很好的效果。

3. 创新多种方法手段，加强取证

针对扰乱旅游秩序人员和违法行为分布分散、流动性快、查获取证难的特点，用好用足视频监控，利用视频监控系统对违法行为进行轨迹倒查，掌握其违法事实和证据，为精准打击提供更多有效的方法和手段。同时丰富取证手段，加强日常管理的同时，快速有效查处违法行为；完善证据链条，形成一套翔实、完备、操作性强的取证

▲“天眼”布控

工作流程，为处置打击违法行为提供更为充足的证据支撑。

（四）联合执法，加大旅游秩序整治力度

建立旅游联合执法检查常态化机制，同公安执法大队、交警、市场监管、相关街道办事处等部门，开展常态化旅游联合执法检查行动，不断强化对旅游违法违规行为的打击力度。2018 年以来，针对“崂山一日游”、违规揽客、欺客宰客、收受提成等违法违规行为，开展了 13 次联合执法行动，查处移交违法行为 3 起，参与处置重大消费投诉事件 4 起，上级督办的旅行社投诉案件 8 起，罚款人民币 20000 元。形成齐抓共管、共同治理的良好局面，有效维护了旅游市场平稳有序。

1. 强化日常执法巡查

对进出景区主要道路、景区主干道、游客服务中心及周边等违规拉客现象多发区域、路段、节点实施重点监控，强化日常执法巡查，根据情况调整巡查时间，增加巡查频次和密度，不留空当，及时发现、快速有效地处置扰乱旅游秩序行为。

2. 建立“黑名单”登记制度

执法人员通过明察暗访等方式，开展相关线索摸排和调查工作，深挖利益链条，对严重扰乱旅游秩序人员、车辆、饭店等建立“黑名单”，实行“一人一册一档”重点监管，对发现的违规行为从重处罚。2018 年共登记黑名单人员车辆 207 人（车）次，2019 年更新完善黑名单人员车辆 40 人（车）次。同时加强对景区经营户的监管，彻底斩断“黑车、野导”利益链条。

3. 建立假日旅游保障指挥体系

实施假日“1+1+4”应急指挥体系，成立 1 个全域总指挥部、1 个景区外域综合指挥部和 4 个崂山风景区内片区指挥部。假日期间，区文旅委主要领导在指挥中心现场亲自调度假日保障工作，外域综合指挥部和景区 4 个片区指挥部将按照假日工作保障方案要求，对重点旅游区域和风景区片区内各相关单位的安全生产、道路保障、旅游秩序、护林防火等工作进行统一调度和督查，构建起领导有力、责任到位、协调有序、运转高效的假日旅游监管体系。假日期间，崂山公安分局（治安大队、交警大队）、区交通局、区市场监管局、区商务局以及各街道按照职责分工持续做好假日期间交通疏导、停车管理、出租车运营保障等工作，重点打击非法游船、乱设摊点、围

▲ 96616 崂山全域旅游热线

追兜售、无证经营、欺客宰客等违法行为。

三、统一平台，创新“96616”全域旅游热线受理机制

（一）开通 5 位数的全域旅游热线

2013 年，崂山区在县级单位正式开通国内首个 5 位数的全区统一旅游服务热线——96616，建立高效的旅游投诉及舆情应对处置机制。“热线零距、畅通全域”的 96616 热线团队，24 小时在线受理崂山全域游客咨询、求助、投诉、表扬、意见等，实现“一个号码对外、一个平台接入、一个电话转办、一个体系督办”的工作要求。

（二）规范全域旅游投诉处理办法

96616 热线实行旅游投诉闭环管理办法，完善投诉督办和考核制度，确保游客诉求件件有着落、事事有回音，以精细化的服务展现崂山全域旅游服务新形象。96616 荣获省“好客之道”行业先锋荣誉称号，被游客誉为“贴心使者”，已迅速成为国内

▲ 崂山全域旅游应急指挥中心

知名全域旅游热线标杆。

（三）规范全域旅游热线管理机制

建立规范的 96616 热线日常管理机制。建立旅游投诉日志、周报、月度分析、假日专报、年度分析报告等系列标准化管理制度。日志有助于科室负责人全面掌握当天热线办理情况；周报可使相关部门（单位）掌握全域旅游整体情况及部门（单位）存在的工作不足，及时整改提升；月度分析、假日专报和年度分析报告，有助于区文旅委领导全面掌握游客通过热线反映的集中问题，统筹科学管理。

96616 热线执行每日班前会和下班前碰头会制度，实行班前“三个 10 分钟”（10 分钟更换工作服装和整理仪表、10 分钟打扫环境卫生、10 分钟交接话务工作）。制定政策类咨询话术，并及时进行培训；定期召开热线经典案例分析会制度。通过制度化、规范化的培训，全面提升热线客服的业务技能和综合素养。

（四）建立旅游投诉先行赔付制度

为进一步维护崂山良好的旅游环境，按照“游客至上、服务为本”的理念，建立投诉快速处理先行赔付机制。区文旅委每年设立10万元备用金用于旅游投诉快速处理先行赔付工作。通过及时有效处理，切实维护游客的合法权益，积极营造良好的旅游环境、服务环境和消费环境。

接到游客相关投诉后，由相关单位根据游客提供的消费证据或内容进行调查、核实，如调查清楚追回款项则直接返还游客；如果暂时无法确定责任方，则启用“先行赔付”机制，先行赔偿游客损失，同时将处理结果及证据存档。

四、共建共享，开创景社融合发展新模式

崂山风景区周边有景区社区和关联社区35个，常住居民34800余人，是一个居民生产生活、游客游览观光相互交融的区域，区文旅委把当地社区纳入景区发展总体

▲ 重阳节走访社区慰问老人

布局，开辟了景区与社区和谐发展的新路径。

（一）加强顶层设计，政策体制双管齐下

2015 年，崂山区出台了《关于推动景区与社区融合发展的实施意见》，从旅游产业、社会民生、旅游文化、资源环境、管理提升五项融合方面做出统一部署，同时将融合发展 20 条主要工作意见分解到相关单位，系统全面地为景区社区一体化发展绘制发展蓝图。

区文旅委创新“双挂职”领导体制，设立社会事务处，负责景区与社区融合发展工作总调度，具体履行以下职责：负责牵头拟订景区与社区统筹发展规划和政策，统筹协调和指导基层管理处包片联系社区、区文旅委机关各部门分片协同工作；建立健全景区内社区反映的问题及意见建议处理档案；对景区内社区所反映的问题进行梳理，按照区文旅委各部门、单位职责进行转办，并对落实情况进行督促和检查，重要事项提报区文旅委办公会研究；对涉及景区但需区相关部门或街道解决的问题，根据

▲ 重阳节走访社区慰问老人

区文旅委办公会或区文旅委领导批示意见进行转办；组织开展走访社区、节日慰问及“景社一家人”等活动，密切景社关系，融洽双方感情；负责组织景区生态资源保护奖补考核和奖补金的发放。

（二）创新工作机制，景社融合两级联动

为切实加强景区与社区工作联动，进一步推动景区与社区融合发展，2014 年崂山风景区管理局建立机关部门协同游览区管理处包片联系社区和景区党员干部与景区内社区特殊群体结对子帮联工作机制。2018 年，将帮联工作机制升级为“双联动”工作机制，实现区文旅委、街道办事处和游览区管理处、景区内社区之间工作联动，确保景社融合发展各项工作落到实处，努力实现以景区发展带动社区发展，以社区发展助推景区发展，促进景社融合发展的工作目标。

建立景区和社区互相走访制度，走访社区、节日慰问等活动一般每季度不少于 1 次，春节、端午、中秋、重阳等传统节日必须走访。建立社区工作联席会议制度，原则上每半年召开 1 次，遇特殊情况随时召开。区文旅委设立“双联动”工作办公室，社会事务处处长兼任办公室主任。区文旅委机关部门、单位和各游览区管理处每季度向“双联动”工作办公室书面报告“双联动”工作开展情况。

（三）完善利民措施，景区社区互利共赢

1. 建立景区生态资源保护奖补机制

2015 年，崂山风景区管理局出台了《关于景区生态资源保护奖补办法》，每年设立 2000 万元景区生态资源保护补偿金，建立奖补考核制度，对 35 个景区社区和关联社区的护林防火、资源保护、旅游秩序、景社配合和文明景区创建五个方面进行考核，根据考核成绩发放奖补金。

2. 扶持景区内社区居民创业

为充分调动景区内社区和居民自主创业的积极性，鼓励发展具有崂山地域特色的文化创意旅游产品，区文旅委出台了《关于深化景社融合发展扶持景区内社区居民创业的意见》，扶持对象是以开展具有崂山地域特色的文化创意旅游产品为主业并吸纳

社会人员共同创业的景区内社区所办的集体企业或者社区居民个人企业。

3. 拓展社区产品宣传销售渠道

在景区内设立多处旅游商品销售点，为社区居民出售应季农产品创造便利条件。成立了崂山风景区旅游商会，利用景区官网和自有电商平台，对商会成员的特色旅游产品进行线上营销。根据不同商户特色，进行产品设计和包装，重点打造九水画廊、观海民俗、美家美食等系列旅游产品，改变以往农家宴、农家宾馆、茶社等商户的传统经营方式。通过线上线下联动，更好地满足游客旅游需求，助推崂山风景区和社区旅游经济融合发展。

4. 开展景社互动主题活动

积极组织开展“景社一家人”等景社互动活动，加强景社交流，密切景社关系。区文旅委统一组织的全局性活动每季度不少于 1 次，各游览区管理处牵头组织开展的景社互动活动，每年不少于 2 次。活动内容包括：为景区内社区在校大学生提供暑期实习工作岗位、看望景区内社区德高望重的老寿星、组织景区内社区居民免费游崂山活动、组织美丽乡村建设考察学习活动等。

五、因地制宜，健全旅游行业自律机制

鼓励旅游行业组织的发展，加强旅游行业组织自身能力建设，搭建政企沟通平台、建立行业诚信体系，形成行业自律机制，提高旅游社会治理能力和自我发展与管理能力，对全域旅游社会化管理水平提高具有重要意义。崂山区充分认识到了旅游行业协会对推动全域旅游发展的积极作用，积极鼓励行业协会组织发展，监督行业组织的规范化发展。为推进旅游业自我发展和社会治理能力，崂山区先后成立了民宿协会、旅游商会、游钓协会、大馒头协会四个具有特色的行业组织。

（一）崂山民宿协会——全省首家区县级民宿协会

崂山区民宿协会成立于2019年4月10日，这是山东省首家区县级民宿行业协会。协会的成立，是为适应新业态旅游服务企业的发展而成立的行业自律组织，目的在于抓住机遇、开阔视野，充分发挥自我管理服务和桥梁纽带作用，加强学习培训、强化

营销推介、提升服务品质，促进崂山区民宿业快速、健康和可持续发展，为创建国家全域旅游示范区做出积极贡献。

崂山区目前已有精品民宿近百家，形成了民宿业发展的集聚发展态势。区政府为了促进民宿业的健康发展，将围绕资金奖补、准入审批、宣传营销等方面推出系列举措，并将出台崂山区民宿管理办法，规范引导民宿业发展。崂山区民宿协会的成立，本身就是推动崂山民宿产业健康发展的措施之一。成立区民宿协会既是规范行业、做强产业的根本途径和现实需要，也是区委区政府重视和推进民宿经济健康发展顺势而为的重要决策。民宿协会的成立，一方面可以广泛团结和引领民宿及其相关企业，促进全区民宿行业规范有序发展，另一方面可以结合崂山资源禀赋和产业特色，把崂山的传统文化和现代文化全面挖掘、利用起来，推动民宿业不断做大做强。

（二）崂山风景区旅游商会——行业自律组织的典范

崂山风景区旅游商会于 2015 年 3 月 11 日成立，是自发成立的具有独立社团法人资格的非营利民间组织，按区域划分为流清、太清、仰口和九水 4 个分会。目前商会拥有会员 400 余家，涵盖崂山风景区内的农家宴、住宿、茶业、旅游纪念品零售等旅游行业。商会建立健全会员管理办法、商会会员考核方案、商会会员违规经营管理办法等各项规章制度，入会会员必须签订和遵守会员诚信经营承诺书、商会诚信公约、优质服务承诺书。商会充分发挥桥梁和纽带作用，以“诚信、服务、融合、发展”为宗旨，提高会员诚信经营理念，树立正确经营观、信用观、法治观，引导会员自觉地把自身发展和景区发展相结合，进一步提升崂山旅游品牌形象，推动崂山风景区旅游业持续、稳定、健康发展。

商会拟订了详细的商会章程，制定了商会会员管理办法，设立了商会诚信公约，从宣传教育、监督管理、奖惩机制等方面进行规范，促进景区、各企业和经营业户资源共享、互助互利、发展共赢，进一步提升崂山旅游的品牌形象。

实行联营合作体制是崂山风景区旅游商会规范经营行为的一个重要举措。崂山风景区里从事农家宴经营的有上千户，由于受同质竞争等影响，农家宴一直在低层次徘徊。转变思路才有出路，2017 年 3 月，在商会的倡导下，青山社区 14 家规模、格局相当的农家宴自发成立了“青山渔村农家宴合作社”，对合作社成员统一培训、统一宣传、统一管理，相互之间资源共享，扭转了过去那种分散经营，难以形成规模优势的不利局面。合作社所有成员严格执行菜品和套餐公示，明码标价，让游客明明白白消费，此举吸引了大量的新老顾客。在崂山风景区旅游商会的推动下，合作社自成立以来，从未发生消费纠纷，树立了青山渔村农家宴价格合理、管理规范、秩序井然的良好形象。

▲ 大馒头协会第三届换届大会现场

▲ 崂山旅游商会活动一瞥

（三）崂山游钓协会——民间群众体育社团

崂山游钓协会是成立时间比较早的民间行业组织，成立于 2004 年 10 月。崂山游钓协会现有会员 50 个，是具有独立法人资格的民间群众体育社团，是广大钓鱼爱好者自愿结成的联合性、地方性和非营利性社会团体。协会的宗旨是遵守国家宪法等法律，服务广大钓鱼爱好者，提倡发展钓鱼运动，不断丰富钓鱼运动文化建设，促进全民健身运动开展，为社会主义精神文明建设服务。2018 年 12 月，崂山游钓协会被评为 3A 级社会组织。

一直以来，崂山游钓协会严格按照《渔业法》《钓鱼协会章程》等规定，团结带领钓协全体成员，积极参与和大力宣传全民健身，开展了一系列活动，发挥了应有的作用，使广大钓鱼爱好者既能参加各项钓鱼活动和比赛，享受钓鱼的乐趣，又在钓鱼活动中逐步树立文明钓鱼、保护环境、爱护鱼类资源的意识，为全民健身运动的普及发展和海洋生态保护贡献了一分力量。

（四）崂山王哥庄大馒头协会——特色旅游商品协会

崂山王哥庄大馒头协会成立于 2006 年 9 月，是一个集大馒头生产加工、市场销售、技术推广科普培训、信息交流于一身的群众性民间组织。协会以创造就业岗位、带动居民增收致富为目标，充分挖掘民间特产制作工艺，积极宣传、推介发展王哥庄大馒头产业，带动全街道加工户 132 家，涵盖 34 个社区，固定从业人员 3000 人。

协会注册了“王哥庄大馒头”商标品牌，协会会员可共同使用。其馒头是选用精心研制的专用面粉和崂山山泉水，采用传统手工工艺，用大锅蒸制而成的特色大馒头，具有诚选料、泉水调、勤揉型、大锅蒸的特色。在传统馒头的基础上经过改良，具有精细加工、制作工艺独特、面点种类丰富的特点，逐渐形成了以大馒头为主打，配以老虎、燕子、神虫、富贵鱼、元宝、鱼花、枣饽饽、福寿桃、枣山、花卷等花样馒头系列产品。

2009 年 5 月协会制作的大馒头荣获崂山区王哥庄街道第一届面塑大赛金奖；2010 年 5 月制作的 68 斤的面塑《连年有余》荣获崂山区王哥庄街道第二届面塑大赛金奖；2010 年 8 月制作的 100 余个品种的“崂山面塑”荣获第五届中国民间工艺品博览会金奖，2011 年荣获崂山区非物质文化遗产保护项目。

第四篇 政策篇

高视角谋划，强化政策保障

崂山区充分认识到政策保障对全域旅游发展的重要作用，党政联合，高位推动，出台支持全域旅游发展的高质量综合政策文件、实施方案，解决全域发展“瓶颈”问题，为旅游发展保驾护航。

一、党政合力，出台纲领性政策和方案

（一）出台崂山风景区转型升级政策文件

2016 年 4 月，崂山区委区政府联合下发《关于加快一流风景区建设积极构筑全域旅游格局的实施意见》，坚持创新、协调、绿色、开放、共享发展的理念，坚持观念转变与结构调整同步、硬件完善与软件提升并举，着力做精旅游产品、做大客源市场、做优旅游服务、做靓主题形象、做高综合效益，系统推进景区供给侧结构性改革，不断壮大景区综合实力，加快一流风景区建设，构筑全域旅游格局。特别是要紧紧抓住崂山区获批首批国家全域旅游示范区创建单位的机遇，实施“美丽崂山”和

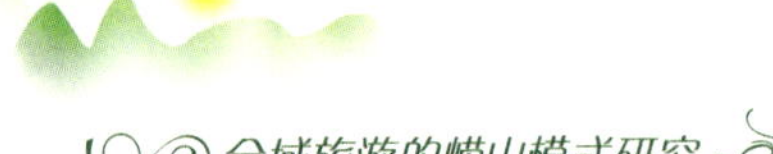

“上山下海”两大行动，在“一年新面貌、三年大变化”基本完成、景社融合发展不断深入的基础上，进一步实现由“跟跑”到“领跑”的转变，打造国际知名、国内领先的一流风景区。

（二）出台国家全域旅游示范区创建方案

2017 年 3 月，崂山区委区政府联合下发了《崂山区创建国家全域旅游示范区实施方案》（以下简称《方案》），这是崂山区创建国家全域旅游示范区的系统性总体推进方案。《方案》明确 15 项重点任务，通过全面深化旅游业改革创新，有效整合全区旅游资源，完善基础设施配套建设，提升旅游公共服务品质，丰富旅游产品体系，提升市场影响力等举措，推动全区旅游业空间布局由沿海一线向全域延伸、多点支撑转变，形成崂山风景区、主城区和乡村旅游与滨海度假旅游等功能区共融发展，推动产业发展由单一业态向多业态深度融合转变，结构类型由传统观光向休闲度假转变，各项指标率先达到国家全域旅游示范区创建标准，成功创建首批国家全域旅游示范区。

区委区政府连续两年联合下发国家全域旅游示范区创建责任分解表。为进一步细化任务明确责任，2017 年 5 月和 2018 年 1 月，崂山区委区政府联合下发了《崂山区创建国家全域旅游示范区工作任务分解表》，明确了各项任务的牵头单位、协作单位、单位负责人及联系电话，明确任务，压实责任。

二、高位推动，加大财政资金支持力度

崂山区通过设立旅游专项资金，出台旅游产业发展扶持奖励政策，设立直接股权投资资金、产业引导基金等新兴财政金融扶持工具，持续加大财政支持力度，促进全域旅游高质量发展。

（一）设立 3.8 亿元旅游专项资金

2018 年崂山区安排资金预算 3.8 亿元，主要用于全域旅游规划编制、旅游数据

中心建设、旅游公共服务建设、旅游厕所及其他配套设施建设、旅游形象宣传推广等工作。其中，景社融合发展专项资金 2000 万元，旅游安全和秩序综合治理专项资金 206.1 万元，旅游管理卫生服务费 1310 万元，旅游形象文化宣传营销专项资金 1200 万元，旅游厕所专项资金 2997.33 万元，生态环境提升攻坚项目专项资金 3000 万元，重点旅游饭店改造提升专项资金 100 万元，崂山林场专项资金 3080.5 万元。

按照“谁使用、谁负责”的原则，建立专项资金绩效评价与监督机制，区文旅委对项目实施情况和专项资金管理使用情况进行不定期监督检查，及时发现和处理存在的问题。区文旅委和区财政局按期对项目实施效果开展绩效评价，绩效评价的结果作为下一年度资金安排的重要参考依据。

（二）出台旅游产业“黄金十二条”

区政府出台《崂山区促进旅游产业发展实施细则》，扶持鼓励高端新兴旅游业态发展、培育壮大旅游市场主体、打造品牌特色节会、加强全域旅游一体化营销和专业人才队伍建设，单项最高奖励达 500 万元，俗称崂山区旅游产业“黄金十二条”。主要政策亮点包括：

1. 扶持高端新兴旅游业态

投资额在 2000 万元（不含土地费用）以上的，按实际投资额的 6% 给予一次性奖励，最高不超过 500 万元。对新购置游艇、直升机等新兴旅游业态经营的企业，年度营业额达到 200 万元以上的，给予相关设施购置费 20% 的一次性补贴，最高不超过 100 万元。

2. 培育壮大旅游市场主体

对首次进入中国旅游集团 20 强企业的旅游企业给予 100 万元的一次性奖励；新建并评定国家 5A 级旅游景区，给予 500 万元的一次性奖励；新建并评定为五星级饭店，给予 500 万元的一次性奖励。

3. 打造特色节庆会展品牌

举办国际级的节庆赛事活动，给予 100 万元的一次性奖励；承办区委区政府委托的各类论坛会议的，给予不超过 200 万元的一次性奖励。

4. 加强全域旅游营销一体化

旅游企业参加全区联合营销的，对其营销费用给予 50% 的补贴；对智慧旅游软件单体配套设备投入 30 万元以上的，运营满一年后补助总投资额的 10%，单项补助不超过 100 万元。

5. 加强专业人才队伍建设

旅游企业和组织引进国内外知名管理运营团队，单个案例最高奖励不超过 100 万元（合作双方各占 50%）。

（三）完善相关产业扶持奖励政策

连续出台《崂山区促进总部经济发展实施细则》《崂山区促进文化产业发展实施细则》《崂山区促进特色酒吧休闲街区发展实施细则》等相关若干扶持政策，在总部经济、文化产业、酒吧休闲街区等相关产业中，促进与旅游的深度融合发展。

1. 总部经济扶持政策

对在崂山区新注册设立或从区外新引进且经认定的总部企业进行奖励，具体包括以下内容：场所补助，购置自用办公房产按照购房款 10% 的比例给予最高不超过 1000 万元的补助；租赁自用办公用房三年（含三年）以上的，给予前三年 100% 房租补助，后两年 50% 房租补助，累计补助额不超过 500 万元；连续 5 年高管人才奖励，地方经济贡献 1000 万元（含）以上的总部企业给予不超过 7 人奖励。奖励标准根据年收入额 50 万～100 万元、100 万～200 万元、200 万～500 万元、500 万元以上的高管人才，分别按年收入的 4%、5%、7%、8% 给予资金奖励；成长贡献奖，对年营业收入首次超过 20 亿元、10 亿元、5 亿元的总部企业，分别给予经营者 20 万元、10 万元、5 万元的奖励；世界五百强投资奖励，开办费补助按照实缴注册资本（1 亿元以上）的 1% 给予一次性奖励，最高不超过 1000 万元。

2. 文化产业奖励政策

对在崂山区依法注册纳税、优秀文化企业和个人进行奖励，扶持内容包括：支持优质项目落户，鼓励文创企业做大做强，打造引领性标杆企业，支持文化产业园区（基地）建设，鼓励文化创意综合体、文化艺术小镇等特色产业载体建设；设立崂山区文化产业发展引导基金和参股产业投资基金，支持企业融资发展，鼓励文创企业引入风投，支持文化科技创新发展，激发发展活力；实施“高层次文化人才集聚计划”，支持文化名家创作，奖励原创文化精品，扶持影视动漫作品创作，鼓励文化走出去；鼓励举办知名文化活动，鼓励艺术展馆发展壮大，扶持大型艺术品交易活动，打造活动品牌。

3. 特色酒吧休闲街区奖励政策

按照“一街一主题、一街一特色”的原则，以国家 3A 级旅游景区标准，重点打造花园酒吧广场、协信星光里、国信如是文创园 3 处特色酒吧休闲街区，汇聚文化展演、饮酒品茗、特色餐饮、音乐演出等时尚元素和业态，打造夜间经济新地标。扶持政策主要包括：扶持培育酒吧产业主体，每年评选 3 ~ 8 家优秀典型，每家给予 10 万元的一次性奖励；加大知名品牌的引进力度，按实际投资额 6% 给予奖励，最高不超过 100 万元；鼓励开展多元化文化活动，每个季度评选出 3 个特色鲜明的优秀文化演出活动，按评分高低分别奖励 5 万元、2 万元、1 万元；鼓励酒吧进行特色化改造，每年评选出 2 ~ 3 个典型案例，分别奖励 5 万元；鼓励开发夜间文化旅游产品，对夜间文化演艺、节庆赛事活动、夜间专场活动等，最高给予 10 万元奖励；建立文化演艺资源共享机制，建立音乐人培养和保障机制。

（四）不断创新财政金融扶持工具

创新财政资金分配方式，设立崂山区产业引导基金和直接股权投资资金，充分发挥产业资金的引导和放大效应，发挥市场在资源配置中的决定性作用，促进投资机构和社会资本进入崂山区产业投资领域，支持实体经济发展。

设立崂山区产业引导基金。产业引导基金是指由区政府出资设立并按市场化方式运作的政策性基金，按照“政府引导、市场运作、科学决策、防范风险、容忍失败”的原则，主要通过参股方式，与社会资本及与国家、省、市等各级引导基金合作设立或以增资方式参股产业投资基金，也可视情况采取跟进投资的方式进行投资运作。引导基金实行决策与管理相分离的管理体制，对区内高层次人才创办的高成长科技企业，在符合一定条件的基础上，可采取直接股权投资的方式予以支持，投资额最高2000万元、占股比例不高于20%，投资期原则上不超过7年。

设立崂山区直接股权投资资金。直接股权投资资金是指由区政府通过预算安排，以直接股权投资方式，支持崂山区重点领域、重点项目的资金。重点领域、重点项目主要指智慧产业、智能制造、生物医药、虚拟现实、新能源新材料、微电子、文化旅游及区委区政府确定需重点支持的其他产业。原则上直接股权投资资金对单个项目累计投资金额不超过1亿元，重大项目投资金额最高可上浮30%，投资比例不超过被投资企业估值的40%，且不为企业实际控制人，投资年限不超过10年。直接股权投资资金退出时，通过股权转让、股东回购及破产清算等方式适时退出。

三、群策群力，完善相关配套政策体系

（一）创新旅游用地政策

崂山国土资源分局出台《关于支持美丽乡村建设促进旅游服务业发展用地保障工作的通知》(以下简称《通知》),《通知》包括了实施建设用地增减挂钩政策，景观用地按照原地类管理，对不同性质的用地采用招拍挂、协议出让、行政划拨等多方式供地，盘活农村存量用地，提高土地利用率，对其他产业用地进行旅游化综合利用等多方面的内容。

（二）完善人才激励政策

贯彻落实中央和省市深化人才发展体制机制改革意见精神，发挥高层次人才引领

作用，最大限度激发和释放人才创新创业活力，加快推进新旧动能转换，为建设怡居宜业的现代化崂山提供强有力的人才保障和智力支持，崂山区制定《关于鼓励吸引高层次人才创新创业 加快推动新旧动能转换的实施办法》，针对智慧产业、智能制造、生物医药、新能源新材料、虚拟现实和现代服务业等领域重点引进培育高层次人才，提出了顶尖人才突破计划、高端人才集聚计划、产业领军人才培育计划、科技创新高层次人才团队引进计划、科技创新高层次人才团队引进计划、高校院所人才支持计划、本土人才倍增计划、产业巨峰人才引进计划、企业家培养计划、招才引智攻坚计划、平台载体扶持计划和人才安居保障计划 12 个高层次人才引进培养计划，最高奖励金达 2000 万元。在《崂山区促进旅游产业发展实施细则（试行）》中提出加强专业人才队伍建设。对年收入 50 万元以上的高级管理人才，依照其贡献，一次性给予 3% ~ 7% 的资金奖励。

（三）完善招商引资政策

1. 加强组织和制度建设

成立由区长任组长的崂山区招商引资和投资促进工作领导小组，围绕“组织领导、队伍建设、产业链招商、载体资源统筹、强化保障措施”等重点内容，制定出台了《崂山区关于进一步加强招商引资工作的实施意见（2019—2022）》并进行责任分解，为打好“双招双引”攻势战役夯实基础。

2. 构建专业化招商体系

积极探索市场化招商新模式，推动“政府引导”与“市场主导”相结合，着力打造“专业团队引领、重点团队协作、定向团队配合、社会团队支援、保障团队服务”的多层次招商梯队。一是成立区招商投资促进中心，组建专业团队“精耕”产业领军企业、领跑团队、顶尖人才、最新技术、高端产品，“细作”产业链配套项目。二是在金融、科技、旅游、健康四大功能区，以“功能区 + 职能部门 + 平台公司”模式组建四大重点招商团队，以产业链条构建为导向，加大项目招引，完善产业生态，形成产业集聚效应。三是充分发挥行业主管部门自身专业性，组建了 23 个定向招商团队，

崂山区全域旅游发展规划

空间结构图

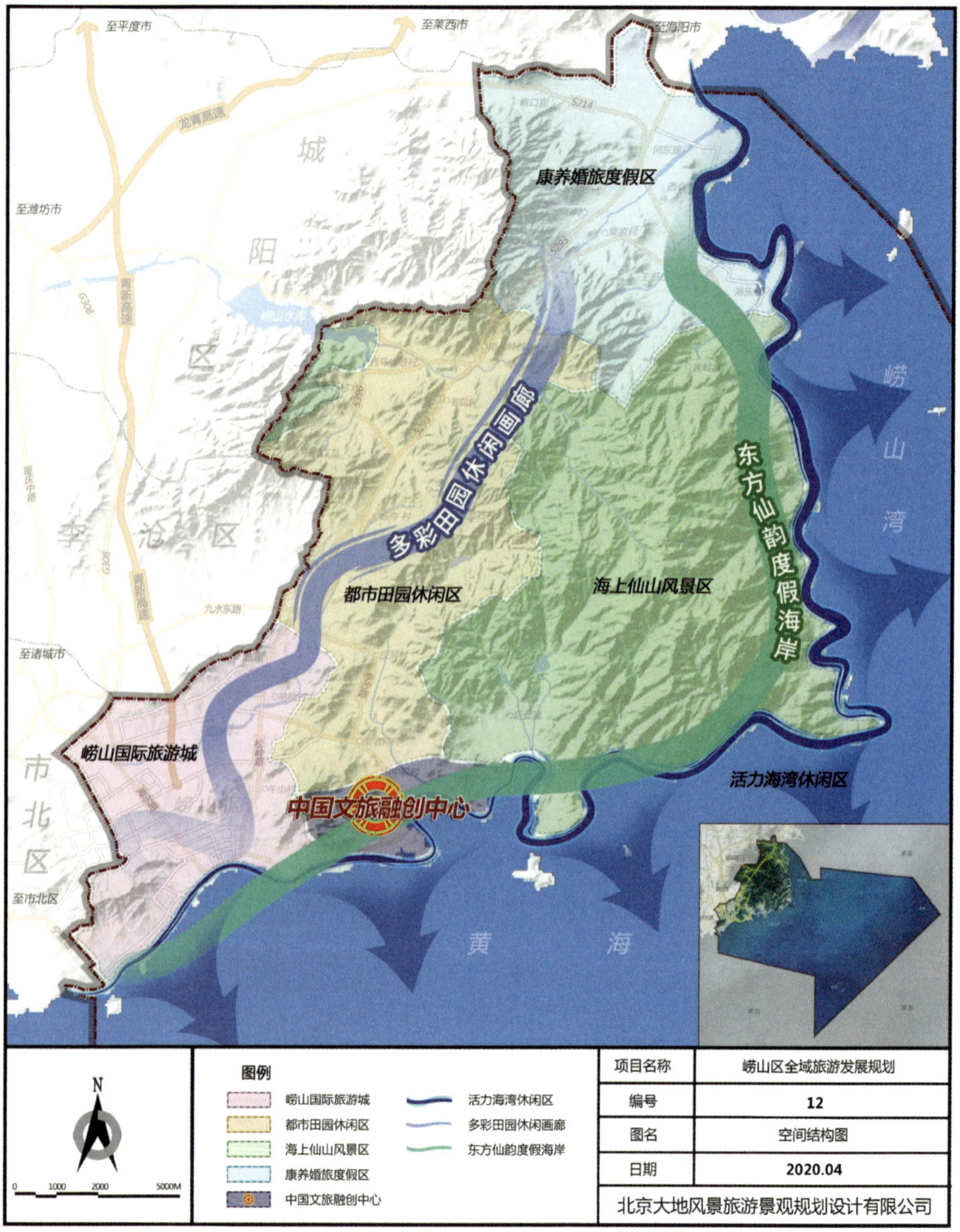

项目名称	崂山区全域旅游发展规划
编号	12
图名	空间结构图
日期	2020.04
北京大地风景旅游景观规划设计有限公司	

▲ 崂山区全域旅游发展规划

通过与国家、省、市上级部门及行业协会的密切联系，重点开展行业内重点招商信息挖掘和企业服务等工作。四是加快布局社会化招商网络，全面推行代理招商，制定出台了《崂山区市场化招商奖励办法（试行）》，充分集聚社会化招商机构的力量，营造全社会广泛参与招商、支持招商的浓厚氛围。

3. 实施产业链招商攻坚

坚持产业组织理念，按照“紧盯前沿、打造生态、沿链聚合、集群发展”的思路，聚焦四大主导产业，研究细化产业链条，进一步细分为智慧产业、智能制造、虚拟现实、生物医药、新能源新材料、微电子、银行、资本市场、保险、旅游、文化、大健康产业 12 条产业链，组织各部门印发了产业链招商工作方案。

四、多规合一，推进全域旅游规划融合

（一）超前视野，编制首部全域旅游发展规划

委托国内一流的旅游规划设计公司编制《崂山区全域旅游发展规划》，规划包括规划融合与统筹、旅游要素、旅游公共服务、旅游资源环境、旅游优质服务、旅游品牌营销和旅游体制机制设计、政策供给保障等方面的内容，并根据崂山区实际情况制定崂山区旅游产业发展 8 年行动计划，规划目标明确，具有指导性和操作性。目前规划已顺利通过政府常务会议。同时，崂山区结合旅游发展规划和地方发展需求，制定全域智慧旅游信息化总体规划、乡村旅游规划、公共服务体系规划、旅游营销策划等多个专项规划，形成了较为完善的规划体系。

（二）多规合一，推进相关规划有机融合衔接

一是全域旅游规划与国民经济、城乡建设、土地利用和生态环境等相关规划相互融合，提高规划的科学性、权威性和合法性。二是农业、林业、体育、交通、科技、金融等产业规划与全域旅游规划深度融合，充分满足旅游业发展需求，在顶层设计实现“多规融合”。

（三）健全机制，促进全域旅游规划有效实施

制定规划实施责任分解表，确保工作有人抓、问题有人管、责任有人担，确保各项目标任务落地。加强规划实施考核评价，强化年度评估、中期评估、总结评估及专项评估结果的运用，探索将规划实施考核结果与被考核责任主体绩效挂钩，考核评价结果作为干部晋升和惩处的重要依据。

第五篇 供给篇

高品质引领，创新产品供给

发展全域旅游，完善和创新旅游产品供给体系是核心内容之一。随着经济的发展、人们收入的提高和消费理念的变化，旅游消费主体市场的需求特征也在发生变化，总体呈现出旅游需求个性化、多元化的基本特征，这就要求旅游产品向多元化、全业态的产品供给体系转变。

一、空间融合，实现龙头景区和度假区升级换代

（一）上山下海，崂山风景区大力实施产品更新行动

崂山风景区是首批国家级风景名胜区、国家5A级旅游景区，素有“海上名山第一”“道教全真天下第二丛林”的美誉。风景区海岸线长87.3公里，主峰“巨峰”海拔1132.7米，自然禀赋优越，人文积淀浓厚，自然风光集秀丽与雄奇于一身，生态环境优良；人文环境集儒释道三门思想发展和大成于一处，历史遗迹丰富。

▲ 巨峰游览区

1. 五条经典主题线路

巨峰——登峰望远平安之旅。巨峰俗称“崂顶”，海拔 1132.7 米，是我国大陆 18000 公里海岸线上最高的峰，一山镇海，万象归怀。在巨峰四周 800 ~ 900 米的海拔线上有一条环山游览路，长 5998 米，根据太极八卦命名的八个山门，对应巨峰周边的八个山口，沿线有一线天、黑风口、五指峰比高崮、灵旗峰、自然碑等景观。巨峰为中国观日出最早佳境之一，云海奇观、彩球奇观、旭照奇观为其三大景观，观“日出海上”，则唯崂山独具。

▲ 太清游览区

太清——寻真悟道文化之旅。本线路以寻古访幽，开悟人生之道、天地之道为主题。崂山太清宫是崂山历史最悠久、规模最大的一处道教殿堂，迄今已有 2100 多年历史，素有“道教全真天下第二丛林”美誉。明霞洞是金山派的开山祖庭，邱处机、郝太古、孙不二、张三丰、孙玄清都在此修炼过。上清宫是元代道士邱处机居所，留有题刻，其中《青玉案》词一阕、七绝诗 10 首最为著名。龙潭瀑由八条溪流汇成八水河，河水从高耸的悬崖陡壁奔腾而下，像一条白龙从云中腾起，飞入潭中。

▲ 九水游览区

九水——乐山乐水清心之旅。本线路以寄情山水、升华人生智慧为主题。九水的源头来自海拔 1100 米的源泉，也叫天乙泉，是崂山海拔最高的泉眼。九水还是崂山的母亲河——白沙河的上游。白沙河是崂山山区最长的河，全长 33 公里，流域面积 215 平方公里，因河道宽阔、水质清澈，再加上崂山水库储水，曾为青岛市最主要的城市水源地。九水负氧离子高达每立方厘米 42000 个，是国家最高标准的 20 倍，为名副其实的“天然氧吧”。九水以“江北山水画廊”驰名中外，可谓“五步一换景，十步一重天”。

▲ 仰口游览区

仰口——太平拜寿长生之旅。本线路以自然修为、长寿人生为主题。太平宫始建于宋建隆元年（960），是宋朝开国皇帝赵匡胤敕封崂山道士刘若拙为“华盖真人”后拨款修建的，是善男信女祈福纳祥的宝地。狮子峰背山面海，高耸入云，犹如一只强悍威猛的雄狮傲视沧海。“寿”字峰的石壁上刻满大大小小的“寿”字，构成了一幅壮观的百寿图。

▲ 华严游览区

华严——华严祈福如愿之旅。本线路以东海礼佛、祈福如愿为主题。华严寺初建于清顺治年间（1644—1661），是崂山上唯一现存的对外开放的佛教寺院。通过华藏世界门，神奇的画卷次第展开，拜华严佛殿，睹“世界第二大窟”的那罗延窟，登凌空高悬的仙翁棋盘，观于七雕像，重温不屈的民族精神。

▲“飞阅崂山”低空旅游

2. 低空旅游，空中看崂山

崂山区创新开发“飞阅崂山”低空旅游项目，是首批国家级通用航空旅游示范工程，是省内县级行政区中第一个标准化机场、第一个系统化运行的低空观光项目。在仰口游览区，游客可乘坐直升机，凌空俯瞰壮美的海上第一名山风貌，与平常的徒步爬山不同，让游客感受独特、印象深刻。接下来崂山将大力推动以直升机、热气球等为重点的中高端产品创新升级，满足游客在空中观光览胜、娱乐休闲的新需求。

▲ 海上看崂山

3. 蓝色旅游，海上看崂山

2017 年 5 月，崂山风景区太清旅游码头海上游船项目正式开业，海上游览崂山，时有白云山间升腾，犹如神仙般栖息于云端，又漂浮于大海的波涛之上，宛若神游太虚幻境、勇渡人生沉浮之海，体验古人参悟修道之意境，游客称之为“栖云、渡海、道崂山”。每年 6 月 15 日至 10 月 15 日，推出“迎接青岛第一缕阳光”早班船服务，为观日出爱好者提供一个全新的观日出平台，让游客体验不一样的海上日出。

多年来，崂山风景区已经拥有了像国家级风景名胜区、国家 5A 级旅游景区等很多“国”字头的耀眼桂冠，但正像区文旅委党工委副书记、主任王兰波所言，崂山的创新发展“一直在路上”，崂山也将始终走在旅游产品创新开发的前沿。

（二）华丽转身，石老人国家旅游度假区变身青岛城市客厅

石老人国家旅游度假区是 1992 年经国务院批准成立的首批国家旅游度假区，位于石老人村西侧海域的黄金地带。规划面积 10.8 平方公里，西起南京路与东海路交

▲ 石老人城市会客厅

会处，东到石老人村。北侧有浮山、金家岭山、午山三山环抱，南侧为宽阔平缓的沙滩和狭长的海岸线，自然环境十分优美。

1. 注重产业发展，打造高质量山海休闲度假旅游区

旅游度假区自成立以来，以山海风光、啤酒文化、渔村民俗、美食购物、海洋娱乐为主要特色，大力发展旅游度假、商业服务、金融等相关产业，已成为青岛市发展旅游度假产业最具优势的核心区域。在旅游度假产业上，先后布局建设了石老人海水浴场、极地海洋世界等项目，培育了青岛国际啤酒节等节会品牌，创建了 2 个国家 4A 级旅游景区和 1 个国家 3A 级旅游景区，布局三星级以上饭店 5 家。在现代金融产业上，累计引进金融机构及类金融企业 800 余家，其中大型法人金融机构 16 家，建成金融楼宇及配套载体 750 万平方米，被评为全国最佳金融改革创新示范区，成为国家财富管理金融综合改革试验区的核心区。在高端商务产业上，先后建成商务一、商务二、商务三区以及丽达、金狮、金鼎等多个商贸中心，入驻中信万通证券等 90 多家知名企业总部，2018 年“亿元税收楼宇”达到 13 座，其中税收超过 5 亿元的楼宇 5 座。在公共服务产业上，青岛大剧院、国际会展中心、博物馆等一批市级公共设

施坐落于此。经过近 30 年的建设发展，已成为青岛市发展旅游度假产业最具优势的核心区域。

2. 升级改造石老人海水浴场，打造综合性旅游度假海滩

石老人海水浴场位于崂山区海尔路南端，东西长 2100 米，南北宽 200 多米，沙滩平缓宽阔，沙细水清，浴场总面积达 20 万平方米，可同时容纳 10 万人游泳、休闲和娱乐，并可进行多种沙滩、水上竞技活动。2013 年，崂山区投资 450 万元，启动石老人海水浴场升级改造工程，新建设两座大型公厕，新铺设 700 米长的木栈道，更

换8座老旧售货亭，设立131面夜光导向牌。为了方便游客，还设置了免费和收费的帐篷休闲区，实行帐篷租赁最高限价措施保障游客权益。2016年，浴场提高了救生员队伍配置，并在浴场边缘设置便民冲水器，目前已成为融度假、观光旅游、海上运动、沙滩运动、休闲娱乐为一体的综合性旅游度假海滩。

3. 青岛海昌极地海洋公园，开启第四代海洋主题公园

青岛海昌极地海洋公园位于风景秀丽的石老人国家旅游度假区，是国家4A级旅游景区，于2006年7月22日正式开业，项目投资达6.4亿元，拥有极地海洋馆、欢

▲ 青岛海昌极地海洋公园

乐剧场、深海奇幻、5D 动感体验馆等项目，是一个以海洋动物展示、极地动物展示、海洋极地动物表演以及海洋科技馆、渔人码头等为主题，富有科普性、娱乐性、互动性的情景式海洋主题公园。目前青岛海昌极地海洋公园年接待游客人数超过 300 万人次，营业收入超过 3.8 亿元，其中旅游纪念品收入约占门票收入的 15%。

4. 启动滨海景观提升工程，打造缤纷活力海岸线

崂山区启动滨海“一线、一岛、两段”景观提升工程，进一步完善前海一线游憩体系，通过提升服务设施、增加地标性的展示构筑，精心打造休闲游憩的“前海花园”。滨海“一线、一岛、两段”景观提升工程西起银海大世界、东至八水河，全长约 33 公里。“一线”主要指约 33 公里的沿海一线，“一岛”主要指小麦岛，“两段”主要指银海大世界至青岛海昌极地海洋公园段、石老人海水浴场至石老人海蚀柱两段景观提升工程。

目前，已完成 10.5 公里的前海一线景观提升工程、滨海步行道小麦岛到青岛海昌极地海洋公园段打通工程，实施了以 480 栋楼体为重点的城区景观亮化提升工程，

▲ 滨海景观提升

▲ 滨海景观提升

▲ 滨海景观提升

打造14处“口袋公园”和44处人文街景小品，成为具有国际品质，集旅游休闲、运动健身等于一身的最美海岸线，让崂山更显山海之美、城乡之美。

5. 新增基础设施，打造多功能空间

以“星海流云、艺术海岸”的城市新客厅理念，将人文和整个海岸线统筹在一条连续而又丰富的互动空间中，将滨海植物景观、礁石生态保护、景观视线开放、市政配套服务、游憩活动广场、夜景灯光亮化、市民滨海运动以及艺术文化生活等融入这条流动的海岸线中，像星星一样点缀其中。

创新设计荧光步道，画出夜间一条真实流动的星河，供人们散步奔跑。使用节能、环保且寿命较长的LED发光砖贴拼成一条完整的地面灯带，独具匠心地设计了一条星光步道，即一条靠太阳能发光的游步道，布满了发光材料荧光石。白天吸收太阳光能，晚上绽放美丽星光，且融入了LED互动屏、水秀广场（雾森/跳泉/旱喷）、多功能智能互动球场等活动节点。

二、乡旅融合，全面推动实施乡村振兴战略

深入贯彻实施乡村振兴战略，坚持“成方连片”理念，三年累计投入20亿元，以国家3A级旅游景区标准对30个重点社区进行环境整治和基础设施提升，实现资源共享、优势互补、协同发展。东麦窑仙居崂山、凉泉理想村、解家河国际艺术村等一批高品质乡村快速崛起。在2017年全国乡村振兴与双创新机遇高峰论坛上，崂山区以高分当选北方唯一的“青年国际乡村双创优秀实践地”。2018年举办首届崂山乡村振兴高峰论坛，发布“乡村振兴崂山宣言”，在全国乡村振兴的发展热潮中留下浓墨重彩的一笔。

（一）产业振兴，培育乡村发展动能

产业兴旺是实现乡村振兴的根本和基石，通过推进产业融合，发挥综合效益，为乡村全面复兴注入强大动力。

1. 推行“十百千万”工程，促进现代农业发展

着眼城市旅游环境大配套和休闲体验新需求，依托崂山特有的自然禀赋和人文积淀优势，着力推进现代农业与第二、第三产业的深度融合。通过形象再造、品牌培

育、规模发展和文化增值，持续深化全区农业的供给侧结构性改革，逐步解决崂山区农业发展资源分散、产业链条分割、产业价值低端、组织管理粗放等问题。以“十百千万”工程为抓手，在全区重点培育发展十大规模化专业农庄（园区）、十大精致农业品牌、十大农旅龙头企业，发展特色庭院、高端民宿、房车、露营等旅游示范点100家以上，新增农户电商1000家以上，开展农民技能培训10000人以上。

2. 激活市场要素，大力发展乡村金融

充分发挥青岛金家岭金融聚集区发展优势，系统研究农村金融政策，构建“三农”普惠金融体系，加大对农业全产业链的支持力度，为崂山乡村振兴提供强大的金融支持。遵循市场化思路，发挥政府资金杠杆作用，整合金融资本、社会资本，探索成立乡村产业振兴基金和农村集体经济发展基金，破解现代特色农业投融资难题，促进农村产业结构优化升级。采取结对帮扶社区、帮扶低保户、支持项目发展等灵活多样的形式，鼓励企业自愿参与崂山乡村振兴事业，加强金融与农民、农村资源的对接。充分发挥国有平台公司在实施乡村振兴战略中关于投融资、产业、落实涉农政策、人才、文化、规划设计、宣传策划等的平台功能，进一步加大对公司的管理和投入力度。

3. 加快融合发展，推动乡村产业转型升级

加大招商引资力度，引入品牌名企、高标准规划建设田园综合体、郊野公园，打造“凉泉乡伴理想村”等示范村，加快乡村 + 旅游产业发展。加快乡村 + 互联网产业发展，推行物联网和农业大数据库建设，培育多元化农村电子商务主体，打造崂山特色农产品互联网小镇，培育一批农村电商骨干企业，创办一批农村网店。到2020年年底，建成区、街道、社区三级农村电商公共运营服务网络，农村社区覆盖率达到90%以上，借助电商手段开展经营活动的市场主体500家以上。通过政策引导，深入挖掘整合特色乡村优势资源，规划建设集农产品销售体验、农事活动、教育科普、创新创业等于一身的智慧农业产业园。

4. 加强文化引领，实现乡村文化产业的新突破

开展“崂山特色文化村”创建活动，充分利用崂山区资源环境优势，紧密结合互联网社群经济的发展，精准策划，高端定位，培育一批具有崂山乡土特色的“山海村”“茶叶村”“艺术村”“馒头村”等特色村，发展一批高端民宿、亲子教育、极限运动、养生修禅等“粉丝村”。充分挖掘自然资源的文化价值，加强文物保护单位、古村落、古树名

木、农耕文化遗产等文化资源的保护开发，培育崂山乡土特色文化品牌，启动首批乡村特色文化品牌评选。大力发展乡村创意产业，引进国内外一流策划、文创资源，对崂山区重点发展的茶叶、渔业、大馒头、海产品等特色产业进行创意提升，丰富产品的文化内涵，提升产品整体档次。拓展具有特色乡土题材的影视、出版等现代文化产业，发展文化创意、设计服务等新兴文化产业，打造文化特色鲜明、文化氛围浓厚的艺术创作基地、特色文化村居。

5. 实施质量兴农，提高农业竞争力

制定完善王哥庄大馒头加工、中华蜂蜜等生产标准，培育、整合、保护品牌农产品，提高“崂”字号农特产品竞争力。出台推进农业绿色发展的政策措施，引导新型农业经营主体改革传统栽培技术体系，发展节水农业。建设农产品质量追溯体系，将农资业户全部纳入监管范围，严把源头关口。提升农业科技创新水平，推进茶叶新品种改良，优化果品种植结构，引进繁育精品皇菊、中草药等优良品种，鼓励农产品深加工，加快崂山茶等深加工产品的提质升级。改良并推广崂山茶新品种 1.3 平方公里以上，全区茶园面积稳定在 13.3 平方公里左右。

（二）生态提升，推进乡村绿色发展

按照“生态、洁净、整齐、美丽”的要求，坚持统筹规划、综合治理、标本兼治、注重长效，加快推进农村人居环境综合整治，大力改造水、电、路、气、房、信等基础设施，统筹山水林田湖草保护建设，确保生态资源永续利用。

1. 统筹推进农村基础设施提档升级

以农村综合管线入地为总抓手，按照系统规划、一次性建设原则，统筹推进供水、污水、雨水、强电、弱电、燃气、清洁取暖、道路八大系统建设。深入开展乡村污水治理，依照美丽乡村污水治理计划，重点突破张村河沿岸、崂山水库周边、大石村水库上游等重点片区、重点社区污水治理工作。加快推进乡村清洁能源取暖工程，按照企业为主、政府推动、居民可承受的方针，制定崂山区乡村燃气建设方案，研究出台清洁采暖补贴政策，落实清洁采暖工作时间表、路线图。协调景区及沿线村庄供电统筹，实现“四网合一”或“多网合一”。实施农村饮水安全巩固提升工程和河道水环境提升工程，解决村庄供水管网老化、河道管护等问题。

2. 推进美丽乡村标准化创建工作

全面启动村庄规划编制工作，在编制完成《崂山区美丽乡村建设规划》基础上，按照《山东省县（市）域乡村建设规划编制技术要点》和《山东省村庄规划编制技术要点》加快组织编制乡村规划。根据生产美、生活美、生态美、人文美、服务美“五美”要求，按照国家 3A 级旅游景区标准推进美丽乡村建设，扎实开展示范村、达标村创建活动。

3. 全面深入开展“美丽崂山”行动

加快开展农村环境综合整治，实施四清（清垃圾、清杂物、清残垣断壁和路障、清庭院）、四拆（拆除危旧房、废弃养殖场、废厕所工棚，拆除乱搭乱建、违章建筑，拆除空中凌乱线路，拆除非法违规商业广告、招牌等）、四化（净化、绿化、美化、亮化）工程，充分调动群众积极性，全面改善农村人居环境质量。加快推进迹地恢复、林相改造、“四边”绿化、森林抚育等生态环境品质提升行动。深入开展“违法建设三年治理行动”，拆除私搭乱建和违章建筑，规范户外广告、路牌和公共标志，加强文化广场、文化墙、村民活动中心建设。深化城乡环卫一体化，继续完善“3+X”城乡环卫一体化市场化运作模式，构建农村精细化运作的大环卫格局，开展农村生活垃圾分类试点，探索适合崂山区的农村生活垃圾分类模式，全面实现农村垃圾规范化处理，农村生活垃圾清运处理率达到 100%。

（三）人才支撑，培育激励各类人才

加快构建乡村振兴大人才格局，会聚各方人才，调动各方力量，形成共建、共治、共享的强大合力。

1. 加强农村专业人才队伍建设

实施乡村振兴青年人才“雄鹰”计划，制订乡村本土人才培育计划，选拔乡村优秀青年和返乡大学生，采取外出培训、项目资助、资金资助等多种形式，完善返乡大学生与乡村振兴建设项目、新型农业经营主体的联系互动机制，鼓励农村青年人才成才，为乡村长远发展储备人才。实施人才培育计划，实施“崂山乡村‘能工巧匠’优秀人才工程”，紧密结合崂山区独具特色的传统工艺，选拔扶持培养一批农业经纪人、乡村工匠、文化能人、非遗传承人等，培育一批理念先进、技术精湛的乡村工匠、文

化人才。扎实做好技师工作站、实训实践基地等人才平台建设，引导乡村振兴人才培养和集聚。打造崂山区“乡村之星”品牌，优先推荐乡村振兴支撑人才参选“崂山区拔尖人才”。试点街道科技副职制度，建设乡村振兴优秀干部队伍。组织开展乡村振兴战略专题培训，实施后备干部培养计划，为社区发展提供人才保障。

2. 引进培育乡村振兴高层次人才

面向国内外，吸引具备成功经验的各类企业家进驻崂山投资兴业，大力引进农业新模式、新产业，吸引和带动本土企业成长，进一步激活崂山农业发展潜力。精准对接国家“千人计划”专家、省泰山学者及产业领军人才和青岛英才计划等专家资源，加快“农业智库”建设。组织开展“城市行、高校行”等乡村振兴人才专项对接活动和“乡村之星崂山行”专题活动。推动乡村振兴产学研结合，发挥驻区高校、科研院所集聚的优势，出台相关激励政策，鼓励支持驻区高校、科研院所高层次人才将乡村发展相关科技成果就地转化，对技术合同交易予以补贴。

3. 鼓励社会各界投身乡村建设

实施“新乡贤”培育计划，以乡情乡愁为纽带，建立完善的“新乡贤”吸纳机制，培育具有崂山特色的“新乡贤”文化，吸引支持崂山籍和生活在崂山的企业家、艺术家、党政干部、专家学者等高层次、高品位人才，通过投资兴业、包村包项目、担任志愿者等形式发挥示范带领作用。组织“青岛籍”“崂山籍”人才开展以“忆乡情、促亲情”为主题的系列活动，走进崂山新农村，感受崂山新变化，扎根乡村创业发展。组织区内企业家队伍、高层次人才队伍、社会服务队伍等，通过包村包项目、科技咨询、志愿服务等方式服务乡村振兴事业，对有突出贡献的人才，优先推荐申报各级人才工程。实行重点社区派驻工作队制度，选拔年富力强的干部及规划设计、富民产业发展、旅游、文史等方面的专业人员组成工作队驻村，沉到一线，吃住在村，宣传党的乡村振兴政策，凝聚力量，发动群众，接地气架天线，会同社区“两委”厘清发展路子和工作方案，推动乡村振兴计划在崂山落地生根。

（四）制度改革，持续激发内生动力

1. 推进农村集体产权制度改革

出台新一轮推进农村集体产权制度改革的相关政策，完善崂山区《关于进一步加

强农村集体经济组织财务监督管理的规定》，稳妥推进剩余的 101 个农村社区的集体产权制度改革工作，完成全区 139 个农村社区的集体资产清产核资工作。在充分尊重农民意愿的基础上，综合农村社区的资产资源和各项优势，科学做好社区集体产业规划，建立符合市场经济要求的集体经济运行新机制。

2. 推进农村土地制度改革

做好农村土地承包经营权确权登记颁证收尾工作，加快农村土地承包地和宅基地确权登记颁证成果应用，真正让农户的承包权稳下去、经营权活起来。建立起区、街农村产权交易体系，为农村产权交易双方提供信息、评估和交易服务。以社区为主导，引导和鼓励农户在自愿的基础上，以租赁、入股等多种形式，将分散经营的土地向专业大户、农民合作社等新型农业经营主体流转集中，实现适度规模化、产业化、集约化经营。探索完善农业设施用地管理政策，推动现代农业产业的升级发展。

3. 培育多元化产业经营主体

培育发展产业融合领军型农业产业化龙头企业，吸引在经济规模、科技力量和社会影响力等方面具有引领优势的企业，加入崂山农业的产业化经营和品牌化延伸。强化引导家庭农场、农民专业合作社的规范化发展，对组织化程度高、示范带动力强，且达到一定经营规模和产业规模的新型农业经营主体，在土地流转、农业基础配套设施建设、农业机械购置、农业信息化建设、农业综合服务等方面给予扶持。建设农村创业创新基地，支持引导农民工、中高等院校毕业生、农村青年和农村能人等创业创新，发展农业生产和农产品加工、流通和销售，开展休闲农业和乡村旅游等经营活动。

（五）精品示范，打造最美乡村群落

坚持乡村风貌不变、农民主体地位不变，坚持农村景观化、产业融合化、全域景区化同步推进，按照生态、洁净、整齐、美丽的国家 3A 级旅游景区标准打造每一个乡村，按照“六个一”的思路，即：一个中心（游客服务中心或村史及主题博物馆展示中心）、一个文化主题、一条主线路、一个主景区、一套基础设施实施方案、一个市场化管理运营公司，打造出具有鲜明特色和可持续运营水平的精品村，高品质打造东麦窑、解家河等 10 个示范村，通过示范带动、连点成片，逐步把崂山乡村打造成青岛的国际慢生活区、中国沿海的最美乡村群落。

▲ 东麦窑社区

崂山区美丽乡村精品村名录

【东麦窑社区——中国乡村旅游模范村】

东麦窑社区位于国家5A级旅游景区——“海上仙山”崂山风景区内，社区三面环山，面朝大海，风景秀美，是通往崂山太清游览区的必经之地。社区抓住地处崂山风景区的优势，积极发展旅游服务业，建设东麦窑社区农业观光采摘园，种植的时令果树品种繁多，充分拓展田园观光风貌。

社区发展了“仙居崂山主题文化民宿”项目，乡土民宿文化内涵丰富，村落保持了原生态的石头民宅，并大力推进基础设施功能建设，体现了传统文化与现代文化交相辉映，2015年被省旅游局评为“中国乡村旅游模范村”。

【凉泉村——乡伴理想村】

凉泉村，位于崂山区北宅街道，地处崂山风景区内，紧邻296省道，距离11号

▲ 凉泉理想村

线北九水站 2 公里，交通便捷，生态区位优越。

凉泉村由乡伴文旅集团投资 1.5 亿元进行打造，社区参股 10% 进行分红，合作年限 3+20 年。采用“整体租赁、统一规划、分期改造、精品运营”的模式，对凉泉社区约 0.4 平方公里土地、200 栋民宅，通过精品策划设计、环保理念植入、构建社区平台、引进乡创人才、城乡联动共创，倾力修复和打造，将荒芜衰败的村落复兴起来，打造乡村振兴的齐鲁样板。

崂山区委区政府出台将凉泉社区列为崂山区乡村振兴一类示范社区，先后为凉泉社区集体注入2500万元资金，其中注资1500万元以优先股方式参股项目，占项目20%的股权，每年社区能获得近百万元的收益，村民能获得万余元房租收益，现已带动40名村民就业，待2020年凉泉村全部开放运营后，将拉动更多就业，全面实现富民强村。

【青山社区——国家级传统村落】

青山社区是一个古老的渔村，位于王哥庄街道驻地东南13公里处的青山湾西岸，崂山太清游览区北侧，拥有八水河、梨子庵、巨木林等自然村。这里有“与世隔绝”的沉静和山海秀美的独特风景，周边有青山码头、试金湾等多处自然景观。游客在这里能吃到最地道的山里人家的特色渔家宴。青山社区于2012年被评为第一批“国家级传统村落”。

青山社区青山绿水，风景宜人，特别适合崂山茶的种植，因占地形之优势，茶树受朝阳元气的照临，加上“串山雨”“临海雾”的滋润，长势茁壮、营养丰富，成为崂山茶中的珍品，受到人们的青睐，茶叶逐渐成为青山社区经济收入中的重项。同时该社区还发展海水养殖业，如养殖海带、海参、鲍鱼等。这里生产的咸鱼、鱼片、海蜇皮等干海产品，美味可口，闻名遐迩。

▲ 青山社区

▲ 青山渔村迎宾石牌坊

【枯桃社区——花卉之乡】

枯桃社区位于中韩街道办事处驻地东北 6.5 公里处，北依将军山，南傍张村河。枯桃社区自古以养花为业，世代相传，相延成趣。改革开放之后，出现了许多养花专业户。1991 年，从散户养花发展到以公司为龙头的经营模式，成立了枯桃花卉总公司。2002 年，枯桃花卉交易中心被列为国家农业开发项目。2004 年，以崂山区首届旅游文化节为载体举办了中韩枯桃花会。全社区拥有各种花卉、乔木、草皮近千种，主要有月季、仙客来、郁金香、玫瑰、雪松、龙柏、康乃馨、唐菖蒲、蝴蝶兰、大花蕙兰等数百种名贵花木。

社区依托枯桃花卉特色产业，整合资源优势，创新发展打造十里花谷，重点发展观光花卉产业、花卉旅游产业、花卉民宿产业、休闲花卉产业，走出一条特色花卉产业发展之路，助力乡村振兴行动。该社区连续多年被市委市政府授予“花卉之乡”和“鲜花生产先进村”等荣誉称号。

【晓望社区——中国乡村旅游模范村】

晓望社区是崂山区一座历史悠久的美丽乡村，至今已有 600 多年的历史。晓望社区

▲ 枯桃社区

地处崂山东麓，仰口游览区北侧，面积约 12.2 平方公里，风景秀丽、气候宜人、交通便利、物产丰富，是“全国农业旅游示范点”以及“中国乡村旅游模范村”。相传最早居住在这里的是肖氏，因盼日子兴旺，故起村名“肖旺疃”，1936 年改名为“晓望”村。

晓望社区是崂山知名的“茶乡”，自 20 世纪 90 年代起，晓望就几乎家家户户开始种茶。社区所在的王哥庄街道有约 9.3 平方公里茶田，占整个崂山区种茶面积的 75%。而晓望就有约 0.8 平方公里茶田，占王哥庄街道的 10%。村里 95% 以上的村民都在种茶，培育出的崂山茶色味俱佳。可谓：千亩茶田，万里飘香。晓望村还先后投资建设了崂山茶博物馆、塘子观（二龙山）风景区和千亩茶园等项目，将生态旅游区发

▲ 晓望社区

▲ 晓望社区

展成为一个集旅游、度假、观光、休闲、健身、娱乐、购物于一身的综合性旅游区域。

【解家河社区——山东省旅游特色村】

解家河社区位于青岛市崂山区王哥庄街道办事处驻地4.5公里处，石人河上游西岸，东靠天马山，南面锥子崮，解家河社区西到劈石口，北邻黄泥崖社区。这里是一

▲ 解家河社区

▲ 解家河社区

个美丽的小山村，村中的8个竹园枝繁叶茂、竹影婆娑，泉水澄明甘洌、凉澈肺腑，山明水秀、景石繁多，是一个休闲度假的好去处。

解家河社区以樱桃节、山杏节为契机，开发了“长生谷”和黑龙涧两条生态观光路线，建立了玥竹生态农特产市场，打造了中国乡村旅游金牌农家乐——玥竹山庄农家宴品牌，有效带动了当地乡村旅游业的发展。社区先后被评为“崂山区乡村旅游特色点（休闲山林）”“青岛市乡村旅游特色点（乡村饭庄）”“青岛市旅游特色村”“山东省旅游特色村”“乡村旅游发展模范社区”等荣誉称号。

三、产业融合，新兴业态入选国家示范项目

以“旅游+”和“+旅游”为途径，构建全面、立体的全域旅游产品供给体系。产业融合业态成效显著，国信如是文创园、“飞阅崂山”低空飞行、崂山湾国际生态健康城、“崂山100”国际山地越野赛、青岛海尔工业园等均入选国家级示范项目。

（一）文化地标：“旅游＋文化”

国信如是文创园位于崂山区银川东路3号国信体育场，占地面积2.2万平方米，以全国最美书店——如是书店为核心载体，打造生态型的文化产业创意园区和开放、多元的文化空间。目前，国信如是文创园已累计举办文化活动2600场，吸引消费者人数155万人次，园区总产值接近5000万元，入驻企业和创业团队近50个，就业人数达300余人，文创产业比例达90%。

国信如是文创园从单一书店到“文化＋教育＋创客”的生态型文化产业园区，构建起“如是邦文创生态圈”，成功入选国家文化和旅游部2018年度“文化产业双创扶持计划”，被评为山东省政府文化创新奖、山东省文化消费聚集区。

（二）“飞阅崂山”：“旅游＋航空”

崂山区推动旅游与航空深度融合，推出“飞阅崂山”通用航空旅游示范工程，游

▲ 图 5-1 “飞阅崂山”低空飞行三条路线图

客可乘坐直升机升空，凌空俯瞰壮美的海上第一名山风貌。该项目在 2016 年 11 月 7 日成功获得国家发展改革委等四部委联合批复，成为首批国家级通用航空旅游示范工程之一，这也是省内县级行政区中第一个标准化机场、第一个系统化运行的低空观光项目。接下来崂山将大力推动以直升机、热气球等为重点的中高端产品创新升级，满足游客在海上和空中观光览胜、娱乐休闲新需求。

目前开放三条常态化飞行路线：①仰口海水浴场—太清宫；②仰口海水浴场—雕龙嘴；③仰口海水浴场—五四广场。

（三）生态健康：“旅游 + 康养”

为积极落实健康中国战略，崂山区积极推动崂山湾国际生态健康城建设，形成医疗、健康科技以及康养旅游三大百亿级产业集群，打造“国际尖端诊疗健康枢纽、全球前沿健康产业创新中心、东北亚高端健康旅游目的地”。2017 年，崂山湾国际生态健康城成功入选首批健康旅游示范基地。

其中仰口片区定位为依托峰山、晓望河、仰口湾等自然资源，重点发展旅游度假、休闲购物、美丽乡村等功能，打造环境优良、配套完善、品质高端的仰口生态旅游休闲区。

平顶山片区定位为依托山、海、河、湾生态资源，挖掘地域文化内涵，重点发展门户服务、休闲娱乐、民俗体验等功能，打造形象突出、环境优越、配套完善、功能丰富的健康城门户服务区及风情旅游区。

▲ 仰口片区控规效果图——城市设计鸟瞰图

▲ 平顶山片区控规批前公示——城市设计鸟瞰图

舵具河片区定位为优化周边环境品质，重点发展公共管理、商业服务、旅游度假、滨海休闲、生态居住等功能，打造服务功能完善、地域特色鲜明的综合服务中心及旅游度假目的地。

▲ 舵具河片区控规批前公示——城市设计鸟瞰图

（四）“崂山 100”：“旅游 + 体育”

崂山区深入推进旅游与体育深度融合，“崂山 100 公里国际山地越野挑战赛”已

▲ 崂山 100 公里国际山地越野挑战赛

连续成功举办三届，2019 年入选国家体育产业示范项目，成为国内唯一一个入围的越野赛事。

“崂山 100”系列赛事在具有“神仙风景，魔鬼赛道”口碑的崂山风景区内展开激烈角逐，赛道总长 100 公里、总攀升 6260 米，几乎将崂山风景区内所有著名景点串联其中，无敌海景环绕美丽渔村，被称为“中国最美赛道”。2018 年“崂山 100”分为 100 公里（完赛时间 28 小时）、50 公里（完赛时间 18 小时）及 25 公里（完赛时间 6.5 小时）三个组别，吸引了近 2000 名来自中国、马来西亚、新加坡、日本等各国山地越野运动爱好者参赛。

（五）中国制造：“旅游 + 工业”

崂山区较早探索旅游与工业深度融合，目前拥有青岛海尔工业园、崂山区华东百利酒庄景区、可口可乐工业园 3 家老字号国家工业旅游示范基地。在 2016 年召开的全国工业旅游创新大会上，青岛海尔工业园被国家旅游局授予“国家工业旅游创新单位”称号。

海尔世界家电博物馆用当今最新声、光、电科技，以展示家电发展历程为脉络，

▲ 海尔世界家电博物馆内景

打破传统博物馆固有的参观模式，集陈列展示、科普教育、剧场演出等于一身，通过沉浸式交互体验让观众回望过去、预见未来，观众可以通过 AR 互动体验，结合光影动画剧场，进行一场家电史的时光旅行。

四、丰富供给，加强完善全域旅游要素体系

以深化旅游目的地供给侧改革为主线，以游客满意度最大化和旅游综合效益提升为根本目标，推动旅游产业要素的创新、协调、绿色和专业化发展，提高旅游产业对地方社会经济发展的综合贡献程度，将崂山打造成功能齐全的优质全域旅游目的地。

（一）业态多元的城市旅游产品

崂山区依托城市公园、主题乐园、博物馆、文化馆、科技馆、规划馆、展览馆、纪念馆、动植物园等场所，配套主客共享的旅游设施，培育城市型休闲旅游业态，同时为本地居民和外来游客服务。

表 5-1　崂山区代表性城市旅游业态一览表

旅游业态	代表项目
城市公园	花园啤酒广场、青岛浮山生态公园
主题乐园	石老人海水浴场、青岛雕塑园、乔伦体育足球公园
博物馆	青岛市博物馆、青岛西洋文化艺术博物馆、金石博物馆、绿石博物馆
图书馆	崂山区图书馆
文化馆	崂山区文化馆
科技馆	新能源生态科技馆、海尔科技馆
规划馆	青岛市城乡规划展示中心、青岛规划展览馆
展览馆	国际会展中心
纪念馆	严力宾纪念馆、崂山烈士陵园
动物园	青岛东方熊牧场

续表

旅游业态	代表项目
植物园	花花浪森林公园、青岛世界园艺博览园
艺术馆	梁连生艺术馆、兴业艺术馆、墨非墨画廊、青岛城市艺术馆、青岛出版艺术馆、崂山艺术小镇、138艺术仓库
美术馆	崂山美术馆、中天美术馆、如是美术馆、佳诺美术馆、朗艺美术馆、青岛科技大学美术馆、半乡客美术馆、嘉利美术馆

崂山区城市旅游代表性业态简介

【青岛市博物馆】

青岛市博物馆创建于1965年，是一座融历史、艺术为一体的综合类博物馆，首批国家一级博物馆和全国古籍重点保护单位。现有馆藏文物24万余件、30多个门类，其中书画、陶瓷器、玉器、钱币为馆藏特色，藏品中不乏稀世珍品。在

▲ 海尔世界家电博物馆外景

▲ 青岛市博物馆

13个展厅7000平方米的陈列面积中，常年展出大型基本陈列《青岛史话——青岛地方历史陈列》和古代钱币、明清瓷器、木版年画、古代工艺品、高凤翰书画、李汝宽家族捐赠陈列6个馆藏文物专题陈列，多层次、多角度地展现了青岛地方历史文明和馆藏文物精华。另有临时展厅不定期引进举办各类文物精品展览和不同风格、不同特色的艺术品展览。观众还可以在奇趣互动空间亲自体验传统文化工艺乐趣。馆内的公共服务区为观众提供资料放映、查询和中英日韩自助语音导览服务，设有学术报告厅、贵宾接待室、观众休息区和纪念品商店。作为中国文化瑰宝和城市记忆的一个载体，青岛市博物馆已成为城市重要的文化坐标，以其丰富的馆藏、精彩的展览、创新的活动和优质的服务欢迎四海宾朋的到来。

【绿石博物馆】

绿石博物馆创建于1985年，是由著名画家、收藏家，中国书画家协会副主席朱培江创建，属国内最早的私立博物馆之一。

▲ 崂山绿石

绿石博物馆共设序厅、崂山地质展厅、光辉成就展厅、精品绿石展厅、绿石塑品展厅、他山之石展厅6个展厅。展出历经40年收藏的精品绿石，除精美绿石藏品外，还展出反映青岛地区地质文化的奇石、享有亚洲第一美誉之称的珍稀夜明珠。崂山绿石，又称崂山绿玉，俗称海底玉，产于青岛崂山东麓仰口湾畔。崂山绿石历史悠久，早在1600年前，南燕著名地理学家晏谟在《齐记》中对绿石就有记载，宋、元时已为书香之家所钟爱，明、清两代更成为名贵观赏石。崂山绿石作为中华名石之一蜚声海内外，成为崂山文化的重要象征。

创馆30多年来，绿石博物馆致力于崂山绿石的收藏保护和文化传播，在国家历史博物馆、中国人民革命军事博物馆、北京皇城艺术馆及上海、武汉、济南、青岛等地多次举办崂山绿石精品展，社会影响较大。1995年11月，德国总理科尔访华期间来到青岛，外事部门从博物馆选用绿石作为“国礼”相赠。新馆落成后，博物馆深挖崂山文化和绿石文化，整合资源，加强校企合作，将崂山地质知识、崂山人文历史、名家字画和奇石统筹创设，使人们了解崂山历史、学习

科学知识、提高本土文化修养。

【青岛金石馆】

青岛金石馆是青岛市第一批文化创意产业园区，主要包括金石文化产业园、金石博物馆、金石美术馆、山东金石拍卖交易中心、金石文化交流中心、中国名家艺术馆群以及中国艺术研究院创作基地等。

金石博物馆馆藏的奇石堪称大自然赋予人类的瑰宝，藏品的艺术价值和数量很高。中国名家艺术馆群常年展出包括杜大恺、何家英、宋雨桂、杨克山、石齐、赵建成等知名艺术家的作品。同时其内部的金石拍卖交易中心是艺术品交易和交流的高端平台。金石文化产业园已经引进了数十家大型文化机构和企业入驻，荣宝斋青岛分店于2014年12月正式开业。

金石文化交流中心定期举办金石文化艺术节、学术交流会、学术报告会等，通过举办艺术品展销活动和拍卖活动等，带动青岛文化产业链共同发展。

▲ 青岛金石馆

（二）丰富的夜间经济特色街区

在崂山主城区、主要旅游乡镇（街道）以及主要旅游景区，建设起集中连片的餐饮娱乐街区，充分挖掘地方饮食文化特色，设计、包装和培育不同档次、不同类型的地方餐饮（店）品牌小吃，在满足大众化旅游餐饮内容的同时，为旅游市场提供更加多样化、更加具有地方特征和社会影响的餐饮服务。同时，因地制宜地根据当地的文化特征和自然环境特征，开发出地方特色浓郁的体育、健身、美容、疗养等休闲娱乐设施和活动，为夜间旅游增加新的元素和内容。

崂山区代表性餐饮娱乐街区名录

【星光里时尚休闲街区】

星光里时尚休闲街区总建筑面积25000平方米，会集了近百个品牌，提供餐饮美

▲ 星光里

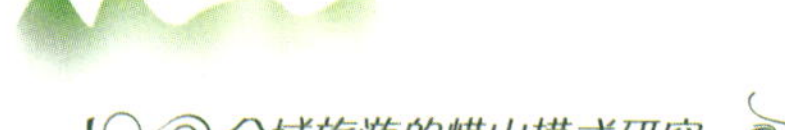

▲ 星光里演出

食、时尚零售、亲子互动、运动养生等多元化消费体验。作为开放式商业街区，整个星光里商街分为“漫·时光”“味·时光”和“闲·时光”三大区域，聚集了化妆品、精品零售、西餐、咖啡、烘焙、孕婴集合店、儿童娱乐城、儿童教育培训、美甲美容美体、自助餐厅、美食街、健身、舞蹈培训等多种休闲业态，打造“24 小时不打烊”的时尚休闲街区。

【时尚酒吧花园广场】

时尚酒吧花园广场占地约 7.8 万平方米，南起香港东路，北至崂山区政府南门前仙

▲ 时尚酒吧花园广场

▲ 酒吧

霞岭路。在目前已建成的青岛啤酒1903酒吧、德国保拉纳酒吧的基础上，按照“开放、现代、活力、时尚”的城市发展定位要求，高标准设计、打造系列时尚、特色酒吧。

【青岛海昌极地海洋公园餐饮街】

青岛海昌极地海洋公园餐饮街项目位于崂山区东海东路56号，建筑面积近万平方米，北临青岛海昌极地海洋公园主展馆，西侧为欢乐剧场、渔人码头、海洋大道等，北临麦岛金岸高档社区，主街面对南侧海岸线，毗邻滨海步行道。这里以美食为主，同时兼顾西餐厅、咖啡厅、酒吧。

▲ 青岛海昌极地海洋公园一角

【证大大拇指广场】

证大大拇指广场即青岛证大大拇指商业广场，是一个融区域性商业、精品艺术酒店、SOHO公寓为一体的综合性体验式城市复合生活广场。广场主要分为商业区、酒

▲ 证大大拇指广场

店区、服务式公寓区三大功能区，其中，商业区内还设有超市、商场、影院等部分，集餐饮、购物、娱乐于一身。

【港东渔码头餐饮街】

港东渔码头

港东村依山傍海，坐落在崂山黄金景观带的北线核心，是青岛首屈一指的美食之乡。港东坐拥天然优良码头，规模仅次于沙子口，是崂山区第二大渔港，盛产小海鲜。在可以出海捕鱼的季节，虾虎、面条鱼、八带、石夹红、梭子蟹，各种海货应有尽有。即使在休渔期，当地特色的虾酱、晒鲅鱼和各种贝壳类海鲜也依然是抢手美味。码头岸边，聚集着大大小小上百家渔民餐馆。原汁海鲜、特色炖鱼、农家小炒、王哥庄大馒头……诱人美食每天都吸引着众多食客光顾。

港东渔码头餐饮街

▲ 利群金鼎广场

【利群金鼎广场】

利群金鼎广场位于崂山区香港东路、海尔路南端交叉口，紧靠地铁 M2 线石老人海水浴场站，所在区域属于青岛市重点旅游商贸区及金家岭金融新区。利群金鼎广场是融高端百货、海景写字楼、高端住宅为一体的商业综合体项目，目前开业的是百货购物中心部分，写字楼、住宅也将陆续推向市场。

（三）各具特色的高端度假设施

崂山区大力提升旅游住宿品质，高标准建设星级饭店，提升旅游住宿业态服务水平。同时针对特定的游客体验需求，注重突出住宿要素供给的独特性和差异性，深度挖掘崂山的历史、文化和生态环境内涵，建设主题突出、品质优良、服务内容完善的精品主题酒店和特色民宿。

崂山区代表性高端度假设施名录

【青岛鲁商凯悦酒店——五星级度假酒店】

青岛鲁商凯悦酒店，是中国北方首家位于海滩上的五星级城市度假酒店。酒店拥有优越的地理位置，位于崂山区高端金融商务与娱乐休闲中心，坐落在绵延3公里长的著名自然风景区石老人海滩上。无论是商务旅行还是休闲度假，酒店独享的碧海蓝天为宾客放松身心、享受生活提供绝佳的环境。

▲ 青岛鲁商凯悦酒店客房

青岛鲁商凯悦酒店拥有439间设计现代、舒适宽敞的豪华客房，包括25间全海景套房。宽敞的落地玻璃窗让你尽览壮美的山海景致、迷人的海滩风情或独具魅力的岛城风光。主席套房与总统套房均配置顶级、齐备的豪华设施及无敌观海室外露台，辅以专属的个性化服务彰显尊尚品位。

酒店设有四间别具风格的时尚餐厅及酒廊，包括咖啡厅、观海酒廊、东海88风

▲ 青岛鲁商凯悦酒店

味餐厅及东海 88 私房菜，全方位提供独具匠心的创意美食。同时，所有的餐厅及酒廊均可领略无与伦比的醉人海景。

【青岛索菲亚国际大酒店——国际四星级商务酒店】

青岛索菲亚国际大酒店位于石老人国家旅游度假区、崂山区的中心地段，南距石老人海水浴场 100 米，毗邻青岛国际会展中心、青岛国际啤酒城，距飞机场 25 公里，交通便利。

▲ 青岛索菲亚国际大酒店内景

青岛索菲亚国际大酒店是一座严格按照国际四星级标准构筑的国际商务酒店，酒店融客房、餐饮、康乐和现代商务综合设施与服务为一体，酒店聘请美国 P&T 建筑设计院的新加坡籍设计师鼎力设计，是一个呈波浪形的多层建筑，地上六层，地下二层，外墙用浅色石材和玻璃幕组成，设计时尚、动态，与大海遥相呼应。酒店建筑面积为 23000 平方米，客房 192 间，可 24 小时热水沐浴、宽带上网，酒店还设有中餐厅、西餐厅、宴会厅、韩式风味厅、夜总会、5000 平方米 SPA 水疗、大堂酒吧、各种布局的会议室、多功能宴会厅、花店等酒店配套设施。

▲ 青岛索菲亚国际大酒店

【青岛远洋大酒店——配套国际会展中心的四星级酒店】

青岛远洋大酒店是一座集客房、餐饮、商务、会议、度假于一身的酒店，位于国家旅游度假区青岛崂山区的CBD商务中心，紧邻崂山区政府，是青岛国际会展中心三期配套服务设施。青岛远洋大酒店地处青岛市崂山区世纪广场。前俯大海，背倚青山，东面是著名的崂山风景区，南面濒临辽阔的大海和石老人国家旅游度假区，周围还有青岛大剧院、青岛国际啤酒城、高尔夫球场，环境优雅，交通便利。青岛远洋大酒店建筑面积15000平方米，有客房、中餐厅、宴会包间、西餐厅、行政酒廊、大堂酒吧、会议室、商务中心等服务项目，健身房、棋牌室等各种休闲设施一应俱全。

▲ 青岛远洋大酒店内景

▲ 青岛远洋大酒店

【青岛证大喜玛拉雅酒店——高品质生活时尚酒店】

青岛证大喜玛拉雅酒店位于崂山区的人文核心地带，毗邻青岛国际会展中心、国信体育场、青岛啤酒城，距离石老人海水浴场约10分钟车程。酒店是证大大拇指广场的一部分，周边设有现代时尚生活社区，

▲ 青岛证大喜玛拉雅酒店内景

▲ 青岛证大喜玛拉雅酒店

餐饮、购物和娱乐等配套齐全。这是一家生活时尚酒店，也是喜玛拉雅酒店管理集团在中国开设的一家酒店。酒店的室内设计由著名的澳大利亚HASSEL设计事务所呈现，将生活时尚与现代元素融为一体，处处彰显设计者的巧妙心思。酒店崇尚环保理念，客房内配套设施齐全，环境典雅、奢华，共有208间客房。同时，酒店提供餐厅、酒廊、健身中心、1个大宴会厅、9个多功能会议室等商务休闲场所，是度假休闲、商务停靠的理想选择。

▲ 青岛崂山书院酒店内景

【青岛崂山书院酒店——天人合一的高级禅修客房】

青岛崂山书院酒店坐落于崂山南麓，依山临海，远离闹市。周边环境优雅、碧树参天，恰似人间仙境，是修身养性的理想之处，也是高雅人士商务交流的上佳平台。酒店核心部分来自江西临川——始建于明万历年间（1573—1619）的徽派官邸“凤池楼”。拥有精

▲ 青岛崂山书院酒店

品禅修客房 70 余间。其设计风格唯美温婉，在保留老宅邸意韵的同时，也与崂山的天然景观和谐共存，自然共生，营造出一种既精致又闲适的氛围，是自然与生活有机结合的诠释。酒店以儒释道文化为特色，散步于走廊，随处可见书法字画、手工艺品，供玩味品评；小憩在茶室，历史悠韵心头流淌，在悠扬的古琴声中，闻香悟道、品茗静心；端坐在素斋餐厅，体味“一粒米中藏世界，半边锅内煮乾坤”的素食禅心。洗净心灵上的浮躁与喧哗。以儒育人，以道养生，以禅清心。酒店没有鲜艳的色彩、夸张的装饰，更多地为客人提供一种精神层面的享受。客人可以体验一次养生、品食一斋素食，也能够参与一场诵经，聆听一堂国学……在这里，天人合一不只是一个哲学名词，而且是一个鲜活的、呼吸着的思想。

【青岛 U 酒店——流传百年经典德式山形建筑】

青岛 U 酒店屹立于青岛东部黄金海岸线——东海东路，位居青岛海昌极地海洋公园中心，毗邻石老人海水浴场、奥帆中心等景区。碧海蓝天近在咫尺，海天一色尽收眼底。UHOTELS（U 酒店）旨在引领极客的体验

▲ 青岛 U 酒店内景

新领域，致力于打造全新的潮流生活方式。酒店为流传百年经典德式山形建筑，近50间为现代人量身定制的高级体验式客房，配有800针舒适体验的U床品，TOTO卫洗智能坐便器，可根据心情调节客房内氛围灯色彩的数码遥控、48寸LED高清电视和SAMSUNG音响等多元化体验式娱乐系统。此外，酒店坐拥海岸视野的岛内潮流聚集地、锁定娱乐与前卫艺术的UTHEATER（U剧场），以及拥有主打健康、全球美食风尚的UKITCHEN（U餐厅）将提供美妙娱乐及餐饮体验。社交、潮流、梦幻、性感、前卫、美味，在这里驻足、融合、交会，成就了一段非凡之旅，一切的不凡在这里，酝酿出全新的生活形态。青岛U酒店，创造非凡体验！

▲ 仙居崂山

【仙居崂山】

仙居崂山位于崂山南麓的东麦窑村，流清河湾畔。村落位于山麓南沿较为平缓地带，随山势向上院落逐渐抬高；房屋主体建筑大多为20世纪七八十年代所建，以石墙为主。民宿外观与民房没有区别，天井基本保

▲ 仙居崂山

持原样，有的种着蔬菜。利用原有特色房屋，用艺术文化主题的方式结合民俗民艺对其进行主题化改造。“仙居崂山”将传统文化、自然风貌、质朴生活、石头房子、渔港人家、居住民俗相结合，展现给游客的是一种只关乎自然、宁静、人文的生活方式，一种全新的体验之旅。

【瑜上山间酒店】

▲ 瑜上山间酒店

瑜上山间酒店位于山东省青岛市崂山区东麦窑村内，三面环山、一面环海，是区域内闹中取静之宝地。酒店有26间各具特色的客房，配套有餐饮、多功能会议室、咖啡书吧、民谣酒吧、茶室、儿童游乐园、露天影院、山景健身馆、山泉汤池、养生SPA馆。瑜上山间有11间客房设有私密花园，园林设计配有汤泉泡池，来自日本最顶尖的汤池设备，引入独有的崂山水。

▲ 瑜上山间酒店

（四）创意十足的特色文创商品

崂山充分利用地方自然资源和文化资源，一方面，开发具有自主知识产权，能够体现地方特色的时尚性、实用性、便携性旅游特色商品；另一方面，对地方土特产品进行深度加工和品牌化包装，提升土特产品的溢出价值，使土特产品向着精致化、品质化的方向发展。目前，已形成精品茶系列、礼品系列、农副土特系列、美食系列、实用产品系列、文创产品系列六大系列，推出了崂山绿茶、崂山绿石、王哥庄大馒头等十大特色旅游商品。

▲ 海边晒鱼

▲ 茶枕宣传图片

▲ 崂山茶

▲ 王哥庄大馒头

▲ 崂山凉粉

表 5-2　崂山区十大特色旅游商品

类别	名称	参评单位
精品茶系列	崂山绿茶	晓阳春茶场、万里江茶场等
礼品系列	崂山绿石	崂山绿石博物馆
农副土特产系列	金钩海米	广通食品有限公司
农副土特产系列	老子糕（及“崂山四宝”）	道乡缘农产品公司
农副土特产系列	王哥庄大馒头	青岛二月二生态农场景区
农副土特产系列	崂特啤酒	崂特啤酒有限公司
美食系列	海底凉粉	一球通海产品公司
实用产品系列	樱嫚儿崂山茶枕	露涎春茶场
文创产品系列	贝雕系列	肖秋霞
文创产品系列	崂山故事及道教文化丛书	张开明

崂山区特色文创商品名录

文创产品系列：崂山吉祥物（爻爻）系列、“崂山红”镇纸系列、崂山旅游盖章手册、崂山万寿峰水晶镇纸、和谐乾坤、琴岛火花册崂山系列、崂山神龟系列、崂山剪纸（书签）、崂山剪纸（农家女）、布老虎系列、崂山旧影明信片、崂山的传说（九辑）、太极龙镖、崂山根雕、旅游纪念明信片。

实用产品系列：崂山特色水杯、崂山特色办公三件套、崂山风景晴雨伞、崂山道士钥匙扣、阴阳鱼茶杯、五行主题U盘、崂山道士小挂件系列、“我爱青岛”系列钥匙扣、紫砂太极壶。

精品茶系列：“崂好人”海藻茶、崂山绿茶、万里江红茶、万里江北方乌龙茶、崂陈牌红茶。

农副土特产系列：崂山定制矿泉水、王哥庄鲜海蜇、“海畔渔家”系列干海产品、崂山干贝、黄金薯酒。

礼品系列：崂山秉烛凝香钵、乐道崂山绿茶礼盒、玲珑釉骨瓷三件套、崂山赏盘

系列、“崂山八景”螺钿漆器艺术盘、印象崂山艺术茶器、中国工艺葫芦、礼道崂山茶具礼盒、“山海间”礼品方案。

特色文创店——崂山书房简介

崂山书房位于崂山风景区太清游览区，是全国第一家融合道教文化、观念、体验、分享和崂山风物、城市文化等元素的图书空间。它不单单是一个图书展示和经营的场所，更是一个为崂山、为青岛、为名胜古迹和景区营造具有精神指向性的优质人文交流空间，是崂山风景区的一个文化新地标。

▲ 崂山书房

崂山书房背靠崂山，面朝大海，主打简约的白色风格，内部上下两层面积在300平方米以上，布置上讲究“无为而有为”的意境，融合了阅读区、文创区、饮品区、户外休息区等多种功能区域。书房将地域文化置于新的情境之中，让游客透过它能更清晰地了解崂山的风土与脉络。还利用崂山道教符号意义、崂山风景美学特征、崂山历史人文精神、海洋文化、仙道神话元素和当下流行风尚，加以城市的精神内涵予以解读和重构，衍生出具有独特性的文创产品，推出一系列备受追捧的、具有青岛在地背景和崂山文化气质的生活美学产品。崂山书房除了笔记本、明信片非常特别，还有小道士的卡片、扇子、《道德经》、崂山书房杯子、手工皂、雨伞、各种咒符的手机壳。每一款产品都让游客想带回家，据说还有开过光的护身符等特色旅游商品。

在这里，游客不仅可以轻易找到舒适的小角落看书，也可以驻足挑选文创手信或慢品茶饮，毫不局促。聊斋里的“绛雪”也就是山茶花，在崂山书房被制成特别的茶饮。每一款都有很有趣的名字，比如绛雪玄霜、道士下山、神行柠檬。得道成仙蛇草水，更是用崂山网红特产白花蛇草水调制的饮品，形成独特卖点。

（五）特色鲜明的乡村旅游产品

崂山区把乡村旅游作为促进乡村产业振兴和全域旅游发展的重要抓手，系统性实施乡村旅游品质提升工程，目前已有 110 多个省级以上乡村旅游称号，包含 2 个中国乡村旅游模范村、4 个全国级农业旅游示范点和 1 个中国乡村旅游模范户，乡村旅游的数量和品质在山东省名列前茅。

崂山区石老人观光园景区，将大自然的美景、动人的神话传说和现代的高效农业生产有机融合在一起，各具特色而又相得益彰。圣罗尼克庄园位于青岛市崂山区王哥庄街道会场社区大圈湾，是集餐饮客房、休闲度假、淡水垂钓、马场马术、动物喂养于一身的综合性休闲度假庄园。崂山茶苑生态旅游区地处崂山东麓，成为集旅游、度假、观光、休闲、娱乐、购物于一身的综合性旅游区域。青岛二月二生态农场景区以民俗体验为重点，将民俗体验、自然风光、风俗文化、休闲娱乐融为一体，同时可供 800 人进行室内外实践体验。北涧天一顺生态园景区有四大旅游特色品牌：春耕祈农大典、“北宅有我一块田”、樱桃节、金秋采摘节，四季景色宜人，是一处绝佳的农业旅游观光景点。

崂山区特色农业旅游业态名录

▲ 崂山区石老人观光园景区

【崂山区石老人观光园景区】

崂山区石老人观光园景区始建于1999年，园区面积约0.27平方公里，于2003年4月正式开园纳客。观光园以石老人的传说为依托，面向碧波万顷的大海，背依起伏连绵的崂山，将大自然的美景、动人的神话传说和现代的高效农业生产有机融合在一起，各具特色而又相得益彰。崂山区石老人观光园景区有自然植物160余种，主要有皂角、国槐、桂花、柿子、青藤子、楸树、白果树、玉兰、牡丹、

▲ 崂山区石老人观光园景区空中走廊

耐冬等品种，植被保护完整，有多种珍品。

【圣罗尼克庄园】

圣罗尼克庄园位于青岛市崂山区王哥庄街道会场社区大圈湾，南依崂山、北靠小蓬莱、西邻官帽山、东临大海，环境优美，地理位置得天独厚，距仰口风景区仅5公里。自2014年运营以来，逐渐发展成为一家集餐饮客房、休闲度假、淡水垂钓、马场马术、动物喂养、家庭摄影摄像于一身的综合性休闲度假庄园。

▲ 圣罗尼克庄园

圣罗尼克庄园最初以婚纱摄影创始，10年历程，发展至今已成长为一家集婚礼婚

▲ 圣罗尼克庄园临海一角

庆、亲子摄影、中西餐饮、休闲咖啡、动物乐园、农园采摘、商务会议、住宿旅游于一身的多功能、综合服务庄园。但经营者从未忘记以婚纱摄影起家时的梦想——用心、用品质做一件浪漫的事。庄园占地总面积60000平方米，优美的自然景观和淳朴的民风民情，构成了庄园独有的旅游特色，素有青岛的“小希腊”之称，已经成为当地旅游产业的带动企业。自开业以来，先后被评为“中国乡村旅游模范户”“山东省开心农场”和“青岛市乡村旅游特色点”。

【青岛二月二生态农场景区】

青岛二月二生态农场景区位于崂山区王哥庄街道。占地约6.6万平方米，农场主要接待中小学生社会实践活动、研学活动、近郊游农家乐特色民俗体验活动及王哥庄大馒头制作活动。农场内设施齐全、资源丰富，为青少年劳动实践和游客休闲体验提供了理想之地。

青岛二月二生态农场景区精品打造，特色发展。承接崂山区中小学及其他区市中

▲ 青岛二月二生态农场景区的夏令营活动场景

▲ 青岛二月二生态农场景区

小学的劳动实践活动，根据学生的年龄特点和地域特色开设了多项实践课程。例如，海水豆腐和大馒头制作、剪纸、造纸艺术、手绘脸谱、篆刻、紫砂壶制作等。近30种特色课程，每年为近万名中小学生拓展实践提供优质服务。同时还积极拓宽服务领域，大力发展特色旅游，接待来自全国各地的游客进行民俗手工艺体验，目前已经成为青岛市近郊休闲游、亲子游、特色农业种植的必选之地，得到了社会各界及同行的认可和赞誉，相继荣获了"山东省服务名牌""崂山十大特色旅游商品""诚信经营示范单位""山东省农业旅游示范点""青岛市乡村旅游特色点""青岛市科普示范基地""农业科技园创业基地""优秀私营企业""国家3A级旅游景区""上合峰会食品安全保障企业"等荣誉称号。

【北涧天一顺生态园景区】

北涧天一顺生态园景区位于青岛市崂山区北宅街道办事处，规划总面积约0.3平方公里。东临滨海大道，南侧与天水路相接，与青岛2014年世界园艺博览会会址紧

▲ 北涧天一顺生态园景区

▲ 北涧天一顺生态园景区长廊

邻。园区整体布局分为一轴、六区、两馆、八园。沿主要道路观赏轴线周边，布局森林文化博物馆，设有林业展示馆、崂山特色植物园、林下经济示范园、芳香植物、都市菜园、蓝莓园、樱桃园、拓展训练园、吸氧园等，是一处具有浓厚地方特色，以林业科技示范推广、自然山林观光、休闲康体度假为主题的生态休闲度假旅游园区。2012 年被获得“国家 3A 级旅游景区”“山东省精品采摘园”“农业标准化示范点”“山东省农业旅游示范点”等荣誉称号。

【大崂樱桃山谷观光园】

大崂樱桃山谷观光园位于青岛市崂山区北宅街道，隶属于北宅街道大崂社区。大崂樱桃山谷观光园占地约 1.3 平方公里，其中樱桃采摘区约 0.8 平方公里，是北宅街道种植相对集中、规模最大、品种最全、果质最好的樱桃园。作为北宅樱桃节的主会

▲ 大崂樱桃山谷观光园

▲ 大崂樱桃山谷观光园花季

场，年接待游客近 30 万人次。近年来，大崂樱桃山谷观光园加强了基础设施建设，对樱桃谷内道路、休息石凳、休闲长廊、星级厕所、指示牌等进行了建设和完善，为游客带来高品质的休闲体验。

第六篇 配套篇

高标准建设，优化公共服务

秉持“以游客为中心”的服务理念和服务情怀，构建功能齐全、分布合理、特色鲜明的旅游公共服务体系。

一、三大创新，旅游厕所革命引领国家标准

崂山区深入推进旅游厕所革命，完成 38 处标准化生态厕所，新改建 39 处新型环保厕所和 90 余处新型市政公厕，不仅显著提升崂山的旅游品质和服务水平，而且在合作模式、建设标准和运行管理上实现了“三大创新”，先后获得全国厕所革命“最佳景区”“十大典型景区”“管理模式创新奖”等荣誉称号，得到李金早的高度肯定。

（一）崂山厕所革命的创新之举

1. 在合作模式上求创新

引入 PPP 模式（政府和社会资本合作），与国内著名企业中国光大集团合作，高起点规划，高标准设计，高质量建设，共同打造崂山光大标准化生态厕所。通过引进社会资本和技术，参与旅游配套设施投资和运营，改变了过去完全由政府包办公益基

础设施投资、建设、管理等传统做法，极大地节约了政府的人力物力投入，有效降低行政运行成本，提高公共服务质量。

2. 在建设标准上求创新

结合全球公共卫生间卫生与设施标准和国内旅游厕所质量等级，生态厕所充分吸收新理念、新工艺、新材料、新技术、新设备，追求“外观生态自然，内部洁净舒适”的建设目标。改良的 MBR 生态处理系统实现污水零排放；一体化新风系统实现降耗节能；先进的光触媒板材实现除臭抑菌；红外线测量技术实现大数据集中控制；自由厕位实现需求智能转换等。外观设计及服务形成标准化规范，创新性打造生态化、无味化、智能化、标准化、效能化的“五化”厕所建设体系，创立全国旅游厕所的“崂山标准”。

3. 在运行管理上求创新

在“互联网 +”背景下，厕所运行管理充分考虑科技化、人性化需求，引入互联网技术，采用二维码微信互动方式，为游客提供动态服务。“第三卫生间”通过微信支付，愉悦消费体验。设立运营管理控制中心，利用“互联网 + 中央控制技术”随时补齐如厕所需和服务，全自动远程控制一体化设备运行，保持精细化优质服务标准。

▲ 光大生态厕所 MBR 处理后的水可以用来养金鱼

（二）崂山厕所革命的细节之实

1. 设计理念充分尊重自然生态

将“统一于自然，适应于环境”的生态设计理念引入厕所提升设计。厕所建设强调功能性提升，避免豪华导向；厕所选址因地制宜，就地取材，特别考虑环境保护。这种朴素却富含哲理的理念在风景区的公共卫生设施的设计上，无论是理论还是实践方面都具有很强的现实参考意义。

2. 方案评审严格遵循三个原则

厕所布局充分考虑游客人流、周边环境、厕位搭配、厕所规模、外观效果等因素；新材料应用充分考虑崂山当地文体特色，设计元素做到外观与环境融合、内部空间合理、保证配套服务需要；处理技术强调环保生态，从后端应用技术与设备选型上考虑新材料、新技术的应用，尽量实现节水节能、生态循环、保护环境。

▲ 光大生态厕所内景

3. 材料应用体现绿色协调意识

节能方面采用厚型塑板、胶粉聚苯颗粒等保温材料，达到更好的阻燃保温效果；洁具采用红外线感应，灯具选用 LED 节能

▲ 光大生态厕所的垂直绿化设计

灯，节约用水用电资源。同时，引进具有光触媒技术的墙砖地砖，有效抗菌防污防臭。

4. 内部功能布局尊重人性需求

根据最新的旅游厕所质量等级标准体系要求，把原先不标准的厕位空间进行适当拓宽改造，并取消蹲位台阶，使如厕者体验更舒适安全。根据不同如厕需求，新增了为残疾人、母婴人群、老人等人群提供安全设施的“第三卫生间”，同时增配了电视、空调等装置，提高厕所空间的人性化和如厕舒适度。

5. 污水处理方式讲求高效环保

面对崂山特有的高寒、山地、水资源匮乏等问题，在厕所排污处置上综合活性污泥法和膜处理工艺，采用国际先进的 MBR 一体化设备，处理后的中水循环回用，实现真正意义的“生态厕所”。控制箱人机界面集中远程监控，稳定处理质量，提高运管效率。

6. 厕所管理维护注重实用标准

“三分建设，七分管理。”崂山厕所革命将管理过程引入创新的“五化”标准体系，从厕所清理用品分类、洁具擦拭次数、统一工装标识、规范温馨提示等多个方面进行标准化的要求，安排专人专业化标准式管理。利用“互联网 +”时代的信息、数据优势，采取远红外技术科学分析如厕情况，适时调整厕所管理的保障措施。

二、以人为本，建立健全旅游集散与咨询体系

旅游咨询服务作为连接旅游市场和游客之间的桥梁和纽带，能展示旅游城市形象，拉动旅游产业发展，带动旅游市场的繁荣。崂山区以服务游客为宗旨，立足全域旅游发展格局，在全区构建起区、街、村三级旅游集散与咨询体系，为游客提供全方位的服务。

（一）建设三大旅游集散中心

崂山区在核心景区、汽车站、轨道交通等游客集散地，分别布设崂山旅游集散中心、汽车东站旅游集散中心和崂山九水旅游集散中心，设置咨询服务中心（点），配备专业的工作人员，为游客提供旅游咨询、票务、影视休息、宣传资料、旅游特产等服务，与全域游客服务点共同搭建起覆盖全域的旅游咨询服务网络。三大集散中心，具备停放上千辆旅游大巴车和私家车的停车空间，内部建有游客服务中心、停车场、

换乘中心、票务中心、旅游超市、车辆服务中心等，实现了集旅游集散、特色餐饮、旅游咨询、特产购物等多样化功能于一身的旅游综合服务体系。

表 6-1　崂山区旅游信息咨询中心一览表

序号	名称	地址	管理单位
1	崂山旅游集散中心	崂山区大河东社区	崂山风景区管理局
2	汽车东站旅游集散中心	青岛市崂山区汽车东站院内	青岛交运集团
3	崂山九水旅游集散中心	崂山区卧龙社区	崂山风景区管理局

崂山旅游集散中心简介

▲ 大河东旅游集散中心（崂山游客服务中心）

大河东旅游集散中心（崂山游客服务中心）位于崂山风景区的南线，西邻凉水河，东望流清河，南拥流清湾，是进出崂山南线和巨峰游览区的必经之地，集停车、购票、检票、换乘于一身。崂山游客服务中心总占地面积约 15.7 万平方米，总建筑面积 13.9 万平方米，分为南北两个停车场、中央广场、中心大楼等部分。整体设计按太极形状规划，从崂山“山海气象、自然道韵”的主题入手，通过主体化的崂山特色主题演绎和艺术化的表现形式，将道家“朴素、隐逸、清虚、无为”的哲学观与“绿色、人文、自然”的设计观巧妙结合，实现了审美、教育、文化游览体验相结合的高端目标。

崂山游客服务中心设有南、北及地下三个停车场。其中地上停车场面积 10 万平方米，地下停车场 2 万平方米，共有停车位 3000 余个。停车场配置了高端智能停车管理系统，游客可以通过车道口的显示屏选择停车区域、查询停车位。另外游客服务中心内还设有公交车站点、出租车候车区等，方便游客快速、高效、便捷地换乘进入景区。

崂山游客服务中心大楼主体建筑面积 1.9 平方米，是国内已建成的单体面积最大

▲ 大河东旅游集散中心（崂山游客服务中心）

的游客服务中心。大楼内部体现了“现代、简约、明亮、舒适”的特征，分为地下一层，地上两层。实现了无线 Wi-Fi 全覆盖，游客可自由免费使用。

客服大厅一层为公共服务区域，设有安检中心、售检票区、旅游咨询、行李寄存、投诉中心、导服中心、医疗救护、客服驿站、旅游商场、自助导游、自助售货、自助充电、电子导览、ATM 机、生态公厕、观光车换乘等功能完善的服务配套设施。售票处设有南线和巨峰两条游客路线，共有 21 个售票窗口 16 条检票通道及 1 条绿色通道，游客根据所游览的景区，前往不同的窗口购票。另外还有导游之家、爱心妈妈小屋等便民服务项目，满足旅行社、游客等多样化需求。崂山游客服务中心内设有标准化生态旅游厕所 3 座，其中客服大厅内 2 座，停车场内 1 座，崂山游客服务中心在景区率先创新实施了生态厕所标准化建设行动，打造了景区厕所革命的标杆。二楼办公区设有指挥中心及职工办公区，指挥中心通过高清视频、大数据平台、智能监控系统、智能广播系统、LED 信息发布系统等智慧管理平台，实时掌握景区开放、索道运营、区域路段车辆及客流量等情况，有效监控、指挥、调度景区运行。负一层预留厨房、餐厅、浴室、卫生间及设备用房等。位于主体最南侧的圆形建筑目前暂未开放，准备打造供游客体验的虚拟旅游场所。

（二）完善旅游信息咨询服务

崂山区在旅游景区、乡村旅游点、特色旅游村、商业街区等游客集散地，设置有多处不同规格的游客服务点，配置专业的工作人员，为游客提供信息咨询、宣传资料索取、旅游投诉受理、特色纪念品售卖等服务，形成区、街、村三级旅游信息咨询服务体系。

▲ 崂山旅游集散中心设置区级旅游信息咨询中心

按照面积不少于 80 平方米的标准，在沙子口、王哥庄、北宅 3 处建设有街道级规模的旅游咨询中心，配备有不少于 3 名工作人员；按照面积不少于 40 平方米的标准，在沙子口西麦窑、王哥庄二龙山、北宅大崂建设了 3 处社区级旅游信息咨询中心，每处配备有不少于 2 名工作人员。

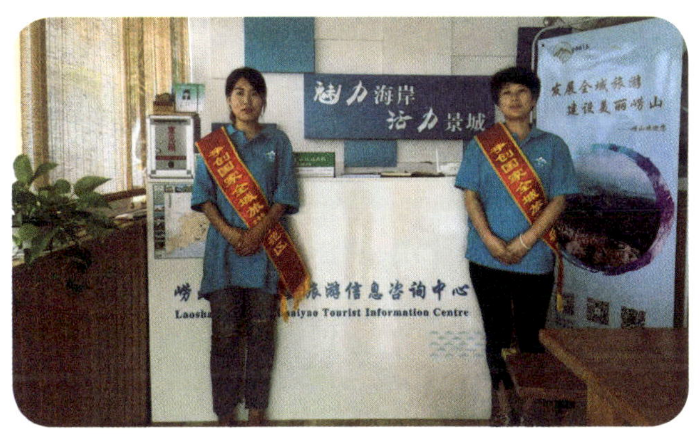

▲ 崂山区沙子口街道西麦窑社区旅游信息咨询中心

▲ 崂山旅游集散中心区级旅游信息咨询中心

此外，崂山风景区巨峰游览区、流清游览区、太清游览区、华严游览区、仰口游览区、九水游览区结合实际情况，在仰口售检票站、华严游览区售检票窗口前、巨峰游览区、太清广场闸机、换乘客服中心等多处设立了游客服务点，为游客提供咨

▲ 商业街区游客服务点

询、寄存、问讯、急救药品以及针线包等服务。

旅游信息咨询中心制定了管理、考核办法，规定了管理主体及其职责等，以确保旅游信息咨询中心切实做到以人为本，为游客提供准确、规范的旅游咨询服务。

表 6-2　崂山区旅游信息咨询中心一览表

序号	名称	地址	管理单位	备注
1	汽车东站旅游信息咨询中心	青岛市崂山区深圳路33号青岛汽车东站	交运集团	—
2	沙子口街道旅游信息咨询中心	青岛市崂山区沙子口街道崂山路南侧	沙子口街道	—
3	仙居崂山旅游信息咨询中心	青岛市崂山区沙子口街道东麦窑社区邻崂山路北侧	东麦窑社区	特色村
4	王哥庄街道旅游信息咨询中心	青岛市崂山区王哥庄街道青岛二月二生态农场景区附近	王哥庄街道	—
5	二龙山旅游信息咨询中心	青岛市崂山区王哥庄街道晓望社区	晓望社区	国家3A级旅游景区
6	北宅街道旅游信息咨询中心	青岛市崂山区北宅周哥庄网点处	北宅街道	—
7	大崂社区旅游信息咨询中心	青岛市崂山区北宅大崂社区大崂樱桃山谷景区内	大崂社区	国家3A级旅游景区

三、怡居宜游，创新旅游交通服务方式

构建“快进”“慢游”综合旅游交通网络是全域旅游公共服务体系的关键要素之一。崂山区区位独特，交通便捷，40 分钟直达机场，设有火车站、港口，多条高速公路及国道、省道穿境而过，外部“快速”交通通道网络发达，有效地沟通济南、北

▲ 崂山旅游专用路

京、上海、广州等中远程市场，与客源市场实现无缝连接。在此基础之上，崂山全区上下，重点围绕内部旅游交通成“网”，创新旅游交通服务方式，解决旅游交通“最后一公里”的问题，区域旅游交通实现“闭环”，构建了“慢游”交通服务体系，实现旅游交通从“旅行”到“旅居”新模式转变。

（一）发展轨道交通改善出行条件

1. 优化地铁交通与景区换乘体验

青岛地铁 11 号线有着“最美地铁”之称，沿途串联许多崂山区的景区景点。为解决游客前往九水游览区的交通问题，崂山区建设北九水游览区换乘中心、港湾式公交车站，开通旅游公交和智能售票系统，让游客出了地铁站便可购买景区门票，乘景区观光车直接到达九水游览区，打通了前往九水游览区的“最后一公里”，在国内山岳型景区中，首次实现了地铁与景区交通零换乘无缝对接。

▲ 地铁 11 号线零换乘中心

▲ 地铁 11 号线

2. 有序发展轨道交通建设

崂山区积极对接青岛市轨道交通线网规划，崂山区已开通轨道交通线路 2 条、在建 1 条、规划建设 3 条，初步形成了连接青岛各个市区、各大交通枢纽及旅游景区之间的地铁网络，有效改善崂山区旅游公共交通出行条件。

（二）实现城乡公交网络全域覆盖

高效便捷的城市公共交通网络体系是发展全域旅游的重要基础设施，近年来，崂山区着眼于提高旅游服务保障能力，以公共交通为核心，科学配置和利用交通资源，综合考虑各种交通方式、换乘枢纽配置，以及与对外交通的衔接，充分发挥公共交通对全域旅游的发展引领性和带动性作用。

1. 持续优化公交网络布局

目前崂山区共有 98 条公交线路，其中 33 条区内线路，13 处公交场站，公交车辆 1400 余辆，公交专用道 57.6 公里，全区 139 个社区中的 137 个社区都通上了公交，城乡公交 500 米覆盖率达 98% 以上，走在全国领先水平。

2. 完善公共交通基础设施

在旅游主干道及乡村重点旅游景点景区道路上，建设港湾式停靠站，配套完善站台、候车亭等设施。近几年，在农村道路上建设公交站点 500 余个，2018—2019 年，在松岭路和滨海公路沿线建设 80 余个港湾车站，安装公交候车亭 200 座，让游客与居民享受安全便捷的公交出行环境。

（三）公共自行车满足个性化需求

自行车作为十分便捷的出行工具，成为崂山全域旅游交通服务的重要内容。为进

▲ 自行车站点

一步增强景区海岸路线旅游观光功能，充分满足周边居民多元化健身娱乐需求，结合重点区域绿色出行需要，解决市民出行的“最后一公里”，在部分行政办公区、居民区、商业区等位置启动自助公共自行车项目。自助公共自行车项目总投资约 1200 万元，在部分行政办公区、居民区、商业区等场所共设置 48 个站点，900 辆自行车，已建成 16 个站点（位于崂山路 14 个、区政府院内 1 个、区文旅委院内 1 个），投放 300 辆自行车，剩余 32 个站点的建设正在报批。崂山旅游集团已于 2016 年 10 月完成项目采购招投标，并于 2016 年 12 月一期正式运营。

表 6-3　崂山区自行车站点名称表

序号	站点名称	站点位置	锁桩数量
1	崂山路与滨海大道交界	香港东路与松岭路交叉口南侧	16
2	王家村公交站	香港东路王家村公交站西侧200米	18
3	石老人西（高尔夫西）	香港东路王家村公交站东侧300米	20
4	石老人高尔夫	香港东路与高尔夫西侧80米	20
5	如家对面（原大唐鱼宴）	香港东路如家酒店崂山区石老人观光园景区店对面	20
6	崂山区石老人观光园景区	香港东路崂山区石老人观光园景区地下通道口	20
7	沙子口镇政府对面	崂山路，沙子口公交站西50米	20
8	沙子口桥头东	崂山路沙子口桥头东公交站东侧5米	20
9	崂山六中	崂山路，崂山六中对面	10
10	崂山玻璃厂	崂山路崂山玻璃厂西侧50米	10
11	小河东车站	崂山路，小河东站东侧55米	10
12	大河东游客服务中心	崂山路，大河东站台西侧20米	50
13	麒麟山庄	崂山路麒麟山庄西侧300米	14
14	南流沟临海院	崂山路南流沟临海院出入口西侧100米	20
15	山水名苑	香港东路，山水名苑西侧30米	20
16	千禧龙苑	香港东路，千禧龙苑大门西侧20米	20

续表

序号	站点名称	站点位置	锁桩数量
17	三角花园	梅岭东路与松岭路交界西北侧100米	20
18	瑞纳花园	苗岭路瑞纳花园大门西侧20米	20
19	书香门第	松岭路书香门第大门南侧20米	14
20	午山府邸	松岭路午山府邸大门南侧20米	20
21	都市果岭	松岭路都市果岭大门北侧20米	20
22	桃源居	李宅路桃源居东侧10米	20
23	青岛大剧院	青岛大剧院东门南侧20米	30
24	市民文化中心	仙霞岭路市民文化中心东侧10米	20
25	区政府1	区政府院内	20
26	区政府2	区政府院内	50
27	崂山旅游发展委员会	梅岭东路崂山风景区管理局院内	20
28	金岭世家	秦岭路金领世家东门北侧10米	20
29	丽海花园一期东门	燕岭路丽海花园一期出入口南侧50米	20
30	丽海花园二期东门	燕岭路丽海花园二期出入口南侧50米	20
31	北海佳苑	同安路北海佳苑西侧20米	20
32	溪谷美寓	同安路溪谷美寓东侧10米	16
33	风管委宿舍	深圳路风管委宿舍出入口南侧20米	20
34	公安局	仙霞岭路公安局东侧20米	20
35	丽海花园一期西门	深圳路东丽海花园出入口南侧20米	20
36	中韩街道办事处	深圳路中韩街道办事处大门南侧20米	10
37	国际名都	深圳路国际名都汽车东站公交站南侧10米	30
38	金狮广场	海尔路金狮广场西门绿化带内	12
39	山东高速	海尔路山东高速大厦西侧绿化带内	30

续表

序号	站点名称	站点位置	锁桩数量
40	凯旋花园	仙霞岭路凯旋花园出入口东侧30米	30
41	青医附院	海尔路青医附院对面公交站东侧绿化带内	20
42	青岛市人才中心	海尔路青岛市人才中心大门南侧30米	50
43	证大大拇指广场	海尔路深蓝公寓出入口北侧50米	20
44	东城国际	同安路北侧东城国际小区出入口西侧30米	30
45	鲁信长春东门	劲松七路西侧鲁信长春大门北侧8米	20
46	鲁信长春东北门	劲松七路与同安路交叉口西南侧5米	10
47	东盛花园	劲松七路西侧东盛花园出入口北侧30米	20
48	左岸风度	株洲路与劲松七路交叉口东侧10米	20
总计	—	—	1020

（四）建成滨海健身休闲步道体系

滨海一线是崂山区旅游业的重要组成部分，是崂山区重要的休闲旅游带。崂山区对滨海一线的环境整治工作十分重视，自2017年以来先后开展了滨海景观提升工程（一期）、滨海景观带综合整治工程（石老人段），将沿海一线打造成融运动健身、休闲游憩为一体的具有

▲ 滨海景观带——活动区

▲ 滨海景观提升

▲ 滨海景观带——水秀广场

国际品质的城市滨海健身休闲步道。

1. 滨海景观提升工程（一期）

滨海景观提升工程（一期）总投资约 1.8 亿元，以满足综合性、生态性、文化性、可持续性为原则，旨在打通崂山区前海岸线，为市民和游客提供休闲健身漫游空间。工程西段长约 3.8 公里，东段长约 2.5 公里的步行道已全部打通并投入使用。

2. 滨海景观带综合整治工程（石老人段）

滨海景观带综合整治工程（石老人段）建设长度约 1.4 公里，总面积约 24 万平方米，按照整体性、综合性、联系性、动态性的原则，充分结合周边环境功能布局，打造旅游休闲滨海景观带。

该工程以“星海流云”为整体概念主题，借用“星海流云”的艺术概念，在石老人海水浴场段打造“一带四区十二景”，主要包括：由打造生态体验区、城市游乐区、沙滩活力区、文化展览区构成的海滨生态体验游乐文化带，形成台地景观、风帆主题雕塑、蛤蜊主题雕塑、石老人图书阁、星海咖啡、多功能运动场、儿童活动区、水秀广场、主题互动灯光秀、滑板乐园、阳光草地和星光步道 12 处景点。

四、智慧旅游，搭建崂山区全域旅游数据平台

2018 年，借上合组织青岛峰会与青岛香山旅游峰会举办的契机，与腾讯公司建立战略合作，共同推进崂山全域数字文旅建设，升级崂山全域旅游智慧平台，将数字经济与旅游大数据相结合，打造基于全域的旅游大数据平台。

崂山全域旅游智慧平台——“智慧崂山”，按“113N”体系进行整体构架，即一个基础体系、一个大数据中心、三大综合平台及 N 个应用体系。

（一）一个基础体系

是指由崂山风景区 100 公里的千兆自建光纤通信网络、标准化数据机房、虚拟化服务器集群、基础数据存储及两级指挥中心组成的基础支撑体系。

▲ 崂山区全域旅游数据平台

（二）一个数据中心

承担崂山全域数据处理、数据交换功能，数据中心会聚旅游企业、相关机构、从业人员、旅游行业信息及食住行游购娱等旅游服务资源信息，实现旅游基础数据、旅游相关领域、体系和各业态数据的集中统一采集、存储、处理，以及部门之间信息的互联互通和共享查询，最终为全域智慧旅游的服务、管理和运营提供数据基础和决策依据，实现大数据、大营销、高增值。

（三）三大综合平台

三大综合平台即大数据应用平台、综合智慧管理平台、应急指挥调度平台三个平台，具备行业监管、产业数据统计分析、应急指挥、舆情监测、视频监控、重点景区监控、旅游项目管理和营销系统等完善的服务功能。

大数据应用平台对崂山全域旅游数据汇总分析展示，数据涵盖 A 级旅游景区客流信息、车辆信息、旅游商业采样信息及互联网数据信息，对全域旅游进行多维度画像，展现客源地、消费水平、年龄构成、网络舆情分析、涉旅企业运行状况、环境信息及旅游关键信息预测预警等信息，为全域营销提供数据支撑，对涉旅企业进行动态实时监测，全面把握崂山全域旅游行业的运行态势。

综合智慧管理平台以常态化旅游运行管理为主，对全区全域旅游运行状况进行综合展示和智慧管理。平台集成了 2188 路视频监控系统、电子售检票系统、车辆管理系统、区间车指挥调度系统、96616 热线电话座席系统等，通过平台可以完成日常运行监测管理、调用各系统数据，分析呈现实时监控画面、实时客流信息、天气信息、游客热力图、客源地、网络舆情等综合性信息，为全域旅游安全平稳运行保驾护航。

应急指挥调度平台以地理信息系统为底层，按防火、防洪、应急救援等归类类别，对防火物资、防汛物资、通信联络信息进行位置信息标注展示，一旦发生突发事件，可以快速有效地进行资源规划调配和指挥调度，同步启动相应应急预案的流程执行，以规范化的手段应对各类突发应急事件。

（四）N 个应用体系

按应用途径划分为智慧管理、智慧服务、智慧营销三个类别。

智慧管理建设方面，视频监控实现了全区共建共享，景区现有 500 余台高清视频监控、650 路车载移动监控，共享全区范围交通监控，构建 2188 路全域可视化监控工作场景。架设客流统计安全监控设备对 3A 级以上旅游景区主要出入口进行人流密度、流量安全预警监测，结合完善的应急管理体系与最大承载量等原则，通过应急广播与互联网媒体及时发布预警信息，提高旅游安全防控能力。此外，先后建成电子售检票系统、进出车辆管理系统、二维码导览系统、720° 全景展示系统、综合管理信息系统、96616 热线服务平台、云计算中心建设、客服中心智能化建设项目、远程视频会议系统、集森林防火应用的 GIS 地理信息等系统。

智慧服务建设方面，2018 年 11 月 1 日，崂山正式开启全网售票模式，将网上售票与线下售检票进行一体化整合升级，支持二维码购票、身份证购票等新功能，并将网上 OTA、旅行社等线上购票渠道整合到全网售检票系统中进行统一管理，为游客提供多渠道快捷购票和支付模式。景区全面推行刷脸入园模式，利用人脸识别技术，实现刷脸入园无障碍快捷入园，极大提高了游客游览的体验；无线 Wi-Fi 覆盖为游客提供免费无线上网服务。目前已在崂山风景区内所有游客中心、游客换乘点、主要景点与游客集散地、东麦窑社区、双石屋社区、二龙山风景区、枯桃百花苑等部分旅游特色村和景区（点）部署了约 170 台 Wi-Fi 信号覆盖设备，与移动公司合作实现青岛海昌极地海洋公园至石老人海水浴场段主要游览区域的无线 Wi-Fi 信号的覆盖。为游客提供在线网络直播及二维码导游导览，通过扫描二维码，即可获取图像、四国语言文字介绍及语音讲解，为游客提供讲解服务。“一部手机游崂山”微信小程序以崂山全域皆景区的设计理念，综合了崂山全域旅游元素，为游客构建统一规范、便捷、权威、实用的综合型服务平台。小程序包含景区景点介绍、精品线路推介、美丽乡村展示、文娱崂山、休闲购物、节庆活动、游玩攻略、门票在线预订、拍照识花、找厕所、一键求援、直播崂山等共 20 个功能模块，游客通过“一部手机游崂山”微信小程序即可获取官方推荐的旅游资讯信息。

智慧营销创新方面，充分运用“互联网 +”宣传优势，通过官方微信号、微博号、抖音号、企鹅号、搜狐号等自媒体平台宣传推介崂山，原创出品了众多高品质的宣传图文影视素材，得到了广泛好评。崂山还率先整合公布了首个 96616 短号码全域旅游咨询投诉呼叫中心。以升级推广 96616 崂山全域旅游热线与引导网络正面舆情相结合的方式，面向全体游客解答旅游咨询、转接商务预订、转办旅游投诉，打造全域旅游公共服务新形象，同时密切关注网络舆情，维护、引导、树立景区优质的形象。

在新技术的应用方面，景区率先在崂山客服中心、太清核心区、仰口客服中心、九水客服中心完成了 5G 信号基站建设，为今后 5G 全面商用打下了基础，同时与移动、联通、电信签订了 5G 示范应用战略合作协议，为“5G+ 旅游”先行先试做好了应用准备。

五、优化体验，完善遍布全域的旅游标识系统

旅游标识，是游客旅游过程中的目标指引，完善导览引导标识系统，实现旅游标识系统的设置规范、清晰明确、快速识别，是全域旅游公共服务系统的重要内容。崂

山区始终以服务游客为宗旨，建全各类引导标识、公共信息图形符号，切实为旅游者带来了更好的旅游体验。

（一）全域全景图

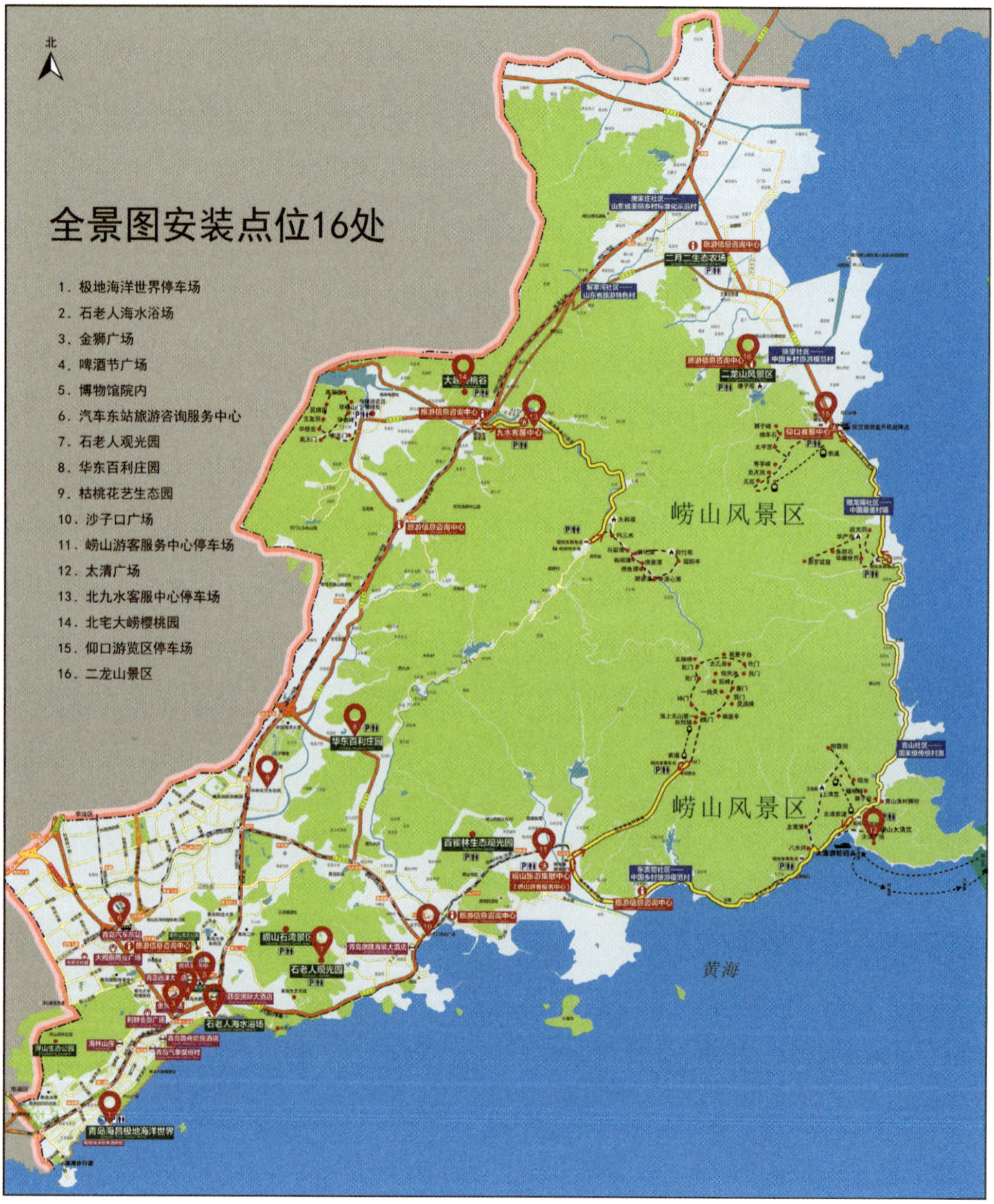

全景图安装点位16处

1. 极地海洋世界停车场
2. 石老人海水浴场
3. 金狮广场
4. 啤酒节广场
5. 博物馆院内
6. 汽车东站旅游咨询服务中心
7. 石老人观光园
8. 华东百利庄园
9. 枯桃花艺生态园
10. 沙子口广场
11. 崂山游客服务中心停车场
12. 太清广场
13. 北九水客服中心停车场
14. 北宅大崂樱桃园
15. 仰口游览区停车场
16. 二龙山景区

▲ 崂山全域全景图分布

崂山区在核心景区、集散中心、乡村旅游点、休闲广场等区域的显眼位置，配套设置 16 块全域全景图，布局合理，全面覆盖游客集中场所。图上标注有崂山区核心景区景点，乡村旅游点、旅游集散中心、游客服务中心等内容，为游客提供全域旅游信息服务，便于游客合理组织游览路线。

（二）全景导览图

除了全域的全景示例图之外，崂山区还在旅游景区设立了相应的全景导览图，布局合理、内容规范，引导游客合理游览景区景点。

▲ 崂山风景区全景导览图

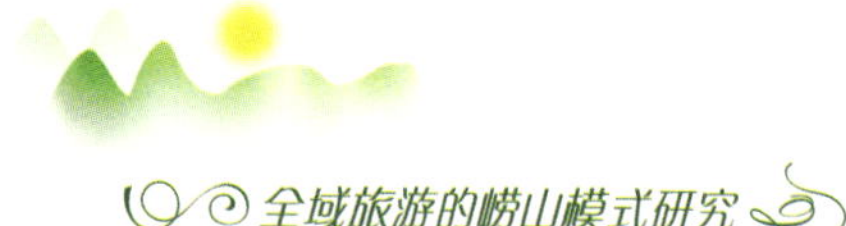

（三）交通标识和介绍牌

在通往崂山风景区、崂山区石老人观光园景区、青岛海昌极地海洋公园等重要旅游景区的公路沿线，设置有景区景点、旅游区、游客服务中心等外部旅游交通标识，

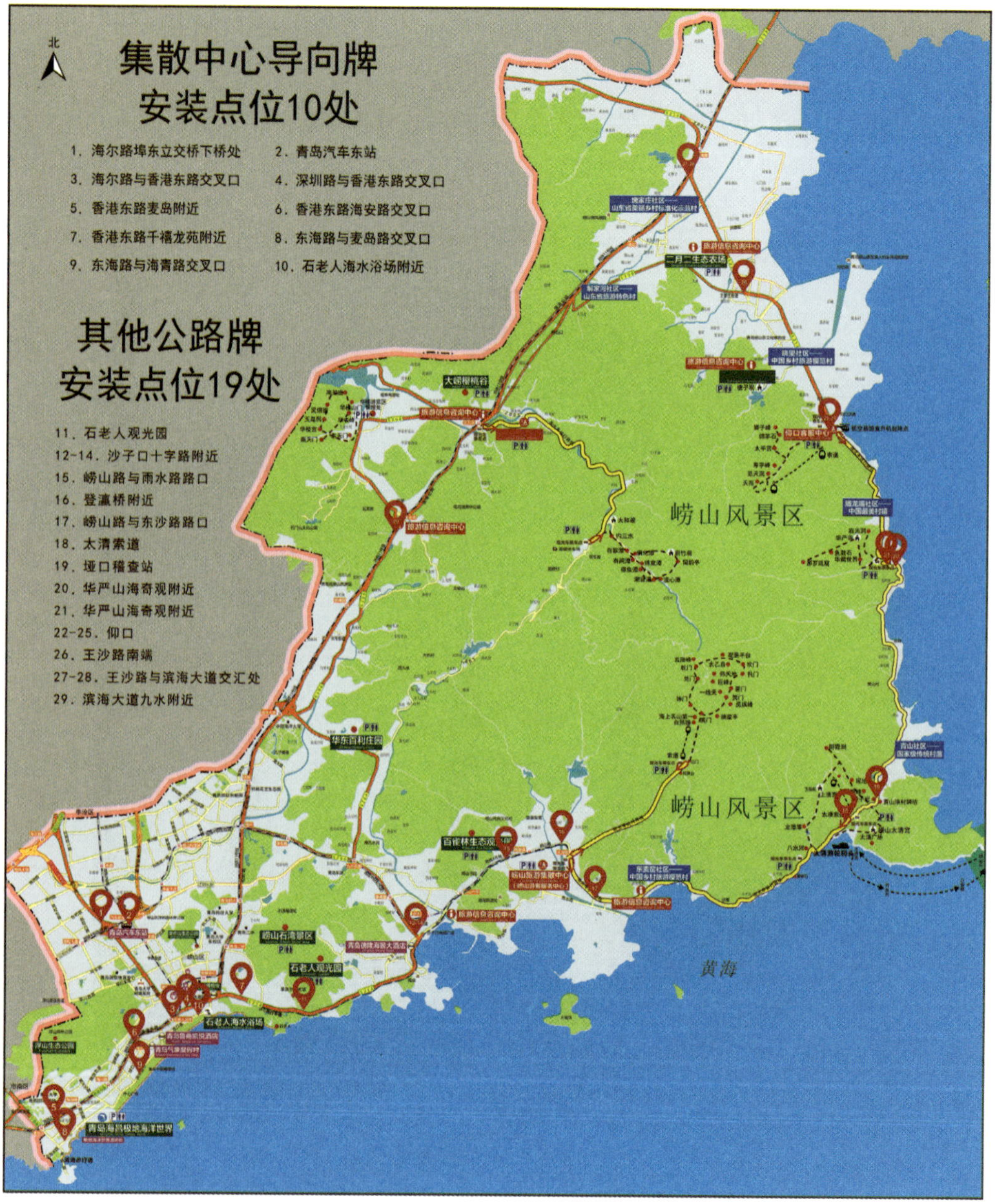
北
集散中心导向牌
安装点位10处
1. 海尔路埠东立交桥下桥处
2. 青岛汽车东站
3. 海尔路与香港东路交叉口
4. 深圳路与香港东路交叉口
5. 香港东路麦岛附近
6. 香港东路海安路交叉口
7. 香港东路千禧龙苑附近
8. 东海路与麦岛路交叉口
9. 东海路与海青路交叉口
10. 石老人海水浴场附近
其他公路牌
安装点位19处
11. 石老人观光园
12-14. 沙子口十字路附近
15. 崂山路与雨水路路口
16. 登瀛桥附近
17. 崂山路与东沙路路口
18. 太清索道
19. 垭口稽查站
20. 华严山海奇观附近
21. 华严山海奇观附近
22-25. 仰口
26. 王沙路南端
27-28. 王沙路与滨海大道交汇处
29. 滨海大道九水附近
崂山风景区
崂山风景区
黄海
大崂樱桃谷
华东百利庄园
百雀林生态观
崂山石湾景区
石老人观光园
石老人海水浴场
青岛海昌极地海洋世界

▲ 崂山全域旅游导向标识分布图

能够引导游客顺利进入相关游览区域。

崂山风景区、崂山区石老人观光园景区、青岛海昌极地海洋公园等全部 A 级旅游景区重要景点，设置有景物介绍牌，详细解说景点的自然、文化等知识，供游客更好地游览景区。

（四）公共信息图形符号

按照 GB10001 标准，在各旅游景区、乡村旅游点、休闲街区等游客集中场所，设置有警示、餐饮、停车场、游客服务中心等旅游公共信息图形符号，位置合理，内容规范、明晰，引导游客游览景区景点。

▲ 温馨提示牌、警示牌

▲ 温馨提示牌、警示牌

▲ 卫生间、售票处等图形符号

第七篇

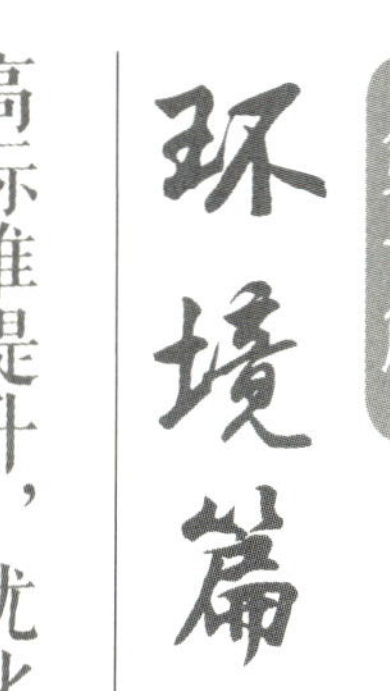

环境篇

高标准提升，优化旅游环境

多年来，崂山区一直坚守“绿水青山就是金山银山”的理念，坚持底线思维，始终把生态文明理念作为全域旅游和社会各项事业发展的指导原则，以高标准、严要求保护好地方自然和人文资源，不断探索管理创新、保护创新和利用创新，推进共建共享。

一、坚守底线，实施环境整治

崂山区坚守生态底线，对山、水、林、海等生态资源进行保护性开发建设。既要发展，也要未来，为子孙后代留一片绿水青山，是新时代崂山区委区政府、区文旅委及崂山老百姓的共同心声。

（一）品质提升，景区生态修复新突破

多年以来，崂山风景区管理局始终坚持“科学规划、统一管理、严格保护、永续利用”工作方针，致力于资源保护和生态修复，特别是党的十八大和十九大以来，牢牢把握“绿水青山就是金山银山”的理念，贯彻“集约、生态、节能、环保、效能”的原则，有效保护和合理利用景区资源，在供给侧改革、新旧动能转换、全域旅游发

展、乡村振兴行动上全面创新，强化落实推进机制，打造品质崂山、推进绿色发展，全力实现崂山风景区环境品质提升新突破。

近年来，崂山区委区政府和区文旅委先后实施七大品质升级行动、十大工程、美丽崂山行动、“六个一律”环境整治等生态环境提升行动，在核心景区重点针对道路安全隐患、污染净化、景区地质灾害治理、生态厕所革命等方面的整治，着重抓好重点

▲ 春漫崂山

区域、重点道路、重要景点、重要节点的环境综合提升，创新景区生态环境提升的“崂山标准”，刷新景区环境提升攻坚的“崂山速度”。

一是给道路安全隐患整治植入海绵修复环保理念。崂山风景区游览路多建成于20世纪80年代左右，为双向两车道设计宽度，道路安全隐患多，水泥路面舒适度较差，道路两侧景观效果欠佳。自2014年以来，根据景区规划和环境提升的目标要求，先后投入区级财力2亿多元，实施景区南线、北线23公里水泥道路的安全整治和沿线景观提升。整治过程始终坚持海绵城市的自然修复理念，在道路沿石“立改平”、道路罩面“白改黑”、绿化景观“城改乡”上下功夫，极大改善了崂山风景区游览环境。

二是对架空线缆净空整治注重隐于自然协调理念。近年来，崂山风景区针对景区主要游览路段架空线缆交叉穿行、空间视域景观差、架空线缆老化等问题，积极实施景区架空线缆净空整治。结合崂山美丽乡村建设和“六个一律”环境整治标准，从长远考虑当地居民生产生活、清洁能源利用、产业发展升级等带来的基础设

施需求，统筹“地下空间”的利用，合并最大公约数，在节约空间的同时扩展地下空间的利用效率。对沿线临时污水管道、架空高低压电缆、通信光缆（联通、移动、电信、有线、部队光缆、景区监控线缆、传输局光缆等）等线路进行综合入地改造。

三是地质灾害隐患防治突出生态修复融合理念。针对崂山核心景区地质灾害点多、危害程度大、治理难度高等防治难题，区财力先后投入5000余万元，对景区车行游览路沿线、主要游客通道以及重要景源周边的地质灾害点进行生态化安全防治，取得业内同行的普遍好评，助力崂山区获评全国地质灾害防治“十有县”。

▲ 防火训练

▲ 护林防火演练

四是森林生态体系保护树立绿色发展理念。党的十八大以来，崂山风景区更是强化森林生态体系的保护，启动景区森林资源普查，组织编制《崂山国家森林公园总体规划》；完成《崂山植物志》和《崂山木本植物》编撰。不断完善防火通道、蓄水池和防火隔离网等护林防火设施及森防指挥视频监控系统，防火基础不断巩固。不断完善松材线虫病监测预警、防治减灾体系建设，保

▲ 松材线虫病调查

持美国白蛾等森林病虫害零成灾率。加大古树名木保护力度，救治复壮古树近百株。建设北九水和太清植物科普长廊，改造林相 1 平方公里，抚育森林竹林约 23.5 平方公里，种植繁育树种共 8 万余株，建设种质资源原地保存库 0.6 平方公里，新建种质资源保护基地 8 万平方米，崂山森林生态环境进一步改善。

五是加大生态修复力度提升环境品质。2013 年以来，崂山区始终站在维护生态安全、履行政治责任的高度，扎实推进生态环保“七大行动”，深化“六个一律”专项整治，加大环保突出问题整治力度，确保整改到位、监管到位、长效管护到位。通过组织实施太清广场环境综合提升、违法建筑拆除以及环境优化等措施，拆除违法建筑 11300 多平方米，铺装透水混凝土和生态地面 2 万余平方米，新增绿化约 10000 平方米，达到古树透海、环境美化的目标。同时，崂山区高标准完成垭口服务区、九水景区内三水广场、仰口售检票北站、太清周边等重要节点环境品质提升及八水河龙潭水库整治等工程，景区资源保护能力和基础设施承载力进一步强化。严格执行环保“一票否决制”，坚决制止和惩处破坏生态环境行

▲ 九水景区内三水检查站

为，还崂山风景区以自然、宁静、和谐、美丽。

（二）美丽崂山，城区生态环境更怡人

崂山区对崂山风景区之外的其他区域自然生态环境发展同样重视，依托精细标准引领环境提升。坚持优化生态、改善人居、提升形象相结合，全面开展美丽崂山建设三年行动，深入实施市容市貌、绿化亮化、道路交通、建筑外观、违法建设五大领域 14 个专项行动，着重抓好重点区域、重点道路、重要景点、重要节点的环境提升，精心打磨好每一处细节，全面彰显崂山品质。花海崂山行动是以适地适树、适境适花为原则，丰富品种、控制数量、保证三季观花的季相效果，以现有城市绿地为基础，对绿地现有植被进行局部提升、局部更换，减少对现有绿地的破坏，增加花卉植物，控制养护成本，增添环境色彩，保证四季常绿，提升城乡居民的幸福感、获得感。

在全区开展违法建设集中整治行动，通过持续摸排、疏堵结合、综合施策，保持拆违治违的高压态势。截至 2018 年 12 月底，全区已拆除 38.2 万平方米违建，完成摸排计划的 94.3%；启动实施 27 个废弃采石场治理工作，投资 1.7 亿元，通过对废旧石坑进行绿化恢复的方式，建成 4 处公益性“地宫式”怀念堂并全部交付使用；全面实施殡葬改革，无火文明祭祀已在全区蔚然成风。

▲ 花海崂山

加强水域治理，严格落实“河长制”“湾长制”。深入治理张村河流域污水排放问题，连续10年推进张村河截污整治，张村河水质净化厂投入运行，上游15个社区、每天4万立方米的生产生活污水得到有效治理，实现重复利用，张村河下游已重现河清水净的生态风貌。崂山区还进一步加强水源地保护监管，将崂山水库二级保护区内埠落等7个社区生活污水接入污水管网，生活垃圾均实行集中收集外运处理，同时加强农业面源污染防治、工业企业整治、推进农家宴关停整治，持续改善崂山水库等生活饮用水源地生态环境。

持续推进国土绿化工作，不断提升城区绿化水平。大力实施森林抚育、林相改造和迹地恢复，全面开展义务植树和“四边”绿化，让公众充分享受生态环境建设的丰硕成果。5年来，全区累计完成森林抚育面积约133.3平方公里，高水平、高质量实施林相改造提升、迹地恢复等绿化造林工程约6.7平方公里，每平方公里蓄积量达到62立方米，大大超过省均标准；城区街道树冠覆盖率30%、绿化覆盖率43.8%、绿地率42.7%，人均绿地面积超过20平方米，乡镇建成区绿化覆盖率全部达标；5年来，全区每年建立义务植树基地至少5处，累计完成义务植树70万株，成活率和保

▲ 义务植树

▲ 绿化崂山

存率均超过95%，以各种方式参与国土绿化的市民人数超过14万人次。崂山拥有森林面积240平方公里，森林覆盖率近60%，是山东乃至全国森林覆盖率最高的城区之一。

绿色生态，已成为崂山这座海上名山永恒的色彩，书写着“绿水青山就是金山银山”生动实践的篇章。

（三）文明祭祀，生态殡葬习俗更时尚

崂山区紧紧围绕加快建设怡居宜业的现代化山海品质新城，坚持节约殡葬用地、革除丧葬陋俗、提倡文明节俭办丧事的改革方针，以树立殡葬新风、满足人民群众殡葬服务需求为出发点，先后出台《崂山区文明殡葬工作管理规定》《关于进一步推进殡葬改革工作的实施意见》，大力推进生态文明殡葬和散乱坟墓治理迁移，进一步加大殡葬改革力度，完善惠民殡葬政策体系，促进殡葬事业健康发展。

1. 深入推行文明祭祀风尚

严禁制造、销售、抛撒和焚烧各类丧葬祭奠物品。积极倡导以敬献鲜花、植树绿化、踏青遥祭等方式追思缅怀故人。街道、社区（指农村社区，下同）应组织群众开展集体共祭、家庭追思会、放飞思念、签名祭祀等文明祭祀活动。殡葬服务机构应开展时空信箱、网上祭祀、代理祭祀等服务，引导群众从注重实地实物祭祀转变为以精神传承为主。各街道怀念堂要规划建设祭祀墙，鼓励社区建设集中祭祀场所，方便群众祭祀缅怀逝者。对建设集中无火祭祀场所的社区，经验收合格后，区财政给予20万元一次性补助。

2. 积极推广节地生态安葬

坚持节约土地、保护环境，加快葬式葬法改革，大力发展绿色殡葬，推进怀念堂安放和海葬、树葬等绿色生态安葬方式。

新增骨灰安放怀念堂。自2018年10月1日起，凡崂山区户籍居民新增骨灰，除夫妻双方因一方已入土安葬，另一方可选择合葬外，其他一律进入户籍所在街道怀念堂安放。非崂山户籍居民骨灰，除葬（放）入省民政厅批准的经营性墓地（怀念堂）外，一律不得在崂山行政辖区内安葬（放）。

鼓励居民选择海葬。崂山户籍逝者选择海葬的，免除其家属参与相关安葬活动的

基本费用；在海葬纪念碑上镌刻逝者名字予以纪念；区财政按每名逝者 6000 元标准给予一次性补助。

3. 推进散乱坟墓治理迁移

各街道参照散乱坟墓 GPS 定位数据，制订治理迁移计划，力争到 2020 年年底，分期分批完成散乱坟墓治理迁移任务，鼓励迁移，倡导树葬。原则上，崂山区户籍居民三代之内（家庭最长者上推两代）的坟墓骨灰迁移进怀念堂或进行树葬改造；三代之外的坟墓，就地进行树葬改造。

公益性墓地全面治理。全区不再建设公益性墓地。已建成的公益性墓地实施封闭管理，不得对外承租经营。根据所在社区坟墓治理迁移进度，将符合条件的骨灰迁移进怀念堂或进行树葬改造。全部完成治理迁移的社区可提出申请，由区民政局会同街道及相关部门组织验收；验收合格并经公示无异议的，按标准拨付补贴资金。补贴标准为：树葬改造每座坟墓补贴丧属 1000 元，补贴社区 3000 元；迁移每座坟墓补贴丧属单穴 5000 元，双穴 7000 元（三穴及以上每增加一穴增加补贴 1000 元），补贴社区 2000 元。已选择树葬改造的，如需迁进怀念堂，可差额享受迁移补贴。坟墓治理迁移过程中，可采取购买专业团队服务形式完成治理迁移任务；对确需更换骨灰盒的，由区财政为每名逝者免费提供价值不超过 2000 元的骨灰盒一个。

4. 完善惠民殡葬政策体系

免除居民基本殡葬服务项目费用，包括：普通型专用殡仪车遗体接运费；车辆、遗体消毒费；馆内遗体搬运费；3 天内遗体普通冷藏费；环保型火化炉遗体火化费；入殓的普通纸棺费 6 项基本服务项目费用。费用免除不折现、不折抵。由区财政为未享受任何丧葬补助的本区户籍居民，一次性发放丧葬补贴 1000 元。

二、全域共建，优化社会环境

近年来，崂山区以培育和践行社会主义核心价值观为引领，深入贯彻“创新、协调、绿色、开放、共享”发展理念，扎实开展全域旅游示范区创建、文明旅游工作，通过统筹舆论宣传、社会宣传、窗口宣传、景区宣传，发动广大游客、社区群众共同创建“处处是美景、人人是形象”的环境，营造浓厚的无缝隙共同创建的社会环境。

▲ 崂山风景区“绿水青山无痕旅游行动”启动仪式

（一）营造全域旅游好氛围

崂山区各主要景点、游客集聚地悬挂全域旅游、文明旅游、无痕旅游宣传彩旗，利用语音广播、电子显示屏滚动播放全域旅游、文明旅游、旅游宣传片和文明标语，全方位对居民和游客进行创建工作、文明旅游行为引导和教育；党员志愿服务队、学雷锋志愿岗、社区志愿者积极参与各类文明志愿服务活动。

深化无痕旅游新举措，设置景观式分类垃圾集中回收点，向游客发放《绿水青山无痕旅游倡议书》，免费为游客提供环保垃圾袋，引导游客将游览过程中产生的垃圾放进环保袋里，下山后再将环保袋放入垃圾桶，领取一份“小纪念品”，做到不将垃圾留在景区，实现“无痕旅游”。

在游客集聚区设立文明监督岗、成立文明旅游劝导队，开展文明告知、文明提醒、文明规劝等活动，使旅游不文明行为得到了有效约束。同时强化景区一线窗口管理服务人员文明礼仪和职业道德教育，规范管理，以优质的服务当样板，以自身的文明作表率，带动游客文明旅游。

▲ 深入社区宣传护林防火

▲ 文明旅游志愿行

（二）培育全域旅游好风尚

近年来，崂山区以践行和培育社会主义核心价值观为主线，部署开展了“绿水青山无痕旅游行动”“文明出行”“最美风景是崂山人”“秋韵崂山文明相伴”等系列文明旅游主题实践活动，覆盖各景区景点、旅行社、星级饭店、客服中心等文明窗口服务单位，传递文明新风。发动景区干部职工、经营业户、社区居民、广大游客深入开展了“文明旅游，从我做起”“绿水青山无痕旅游行动”，让“保护绿水青山，共建生态景区”理念深入人心。

崂山区在全区设立了46个“学雷锋志愿服务站点”，全天候常态化文明旅游志愿服务；组建了由企事业单位、街道社区、驻青高校近500人参与的旅游志愿者服务队伍，围绕文明引导、游览讲解、旅游咨询等内容开展十余项文明旅游志愿服务活动，年均开展旅游志愿服务人数800余人次，解答游客咨询服务人数约5000人次，发放防火宣传卡、文明旅游指南等近万张，用实际行动诠释了“文明最美”的理念，引导

▲ 太清党员先锋岗

▲ 流清志愿服务岗

▲ 爱心妈妈小屋

游客把快乐旅游与爱护美景结合起来，让“文明”与“美景”一路相伴，让文明旅游观念成为社会共识，让文明之风畅行旅途，吹遍崂山大地。

（三）打造优质服务新高地

充分发挥基层党组织和广大党员的先锋模范作用，在景区一线设立了“党员先锋岗”“党员示范窗口”和“党员服务在线”，深入开展以党员为表率的“文明优质服务大提升”和旅游服务品牌创建活动。崂山客服中心设立“爱心妈妈屋”，仰口游览区建设“清凉小站”，像这样的人性化、亲情化服务在崂山区随处可见。“九水情长”和“温情崂山”服务品牌均已在国家工商总局登记注册。树立行业标杆，引导全区旅游景点、旅游行业以优美的环境、优良的管理、优质的服务树立起文明旅游新形象。

按照“示范带动、典型引领”的工作思路和“全员参与、人人负责”的工作要求，在整个景区实施了争创先进基层团队和“金银铜牌员工”活动，激发了大家立足岗位、建功立业的工作热情。从全域旅游示范区创建工作的要求出发，加强了对景区一线窗口管理服务人员文明礼仪和职业道德教育培训，每年组织各类职工轮训 20 余批，参训人员达 1200 余人次，为实现“以优质服务当样板，以自身文明作表率，带动游客文明旅游”的工作目标奠定了基础。

三、全民共享，营造浓厚氛围

推出“春色崂山”“秋韵崂山”“冬趣崂山”市民旅游季、“百万市民游崂山”等系列惠民活动，崂山区文化馆、图书馆、公共博物馆等公益性文化场所免费开放，让市民共享全域旅游发展成果。

（一）“春色崂山”系列特色活动

“春色崂山”活动秉持全域旅游理念，狠抓时尚攻势，以“踏青觅春、赏花迎春、采樱尝春、饮茶品春”为主要活动特色，以沙子口鲅鱼节、中韩枯桃花会、北宅樱桃节、崂山茶文化节等特色节会为主线，整合崂山区春季休闲旅游

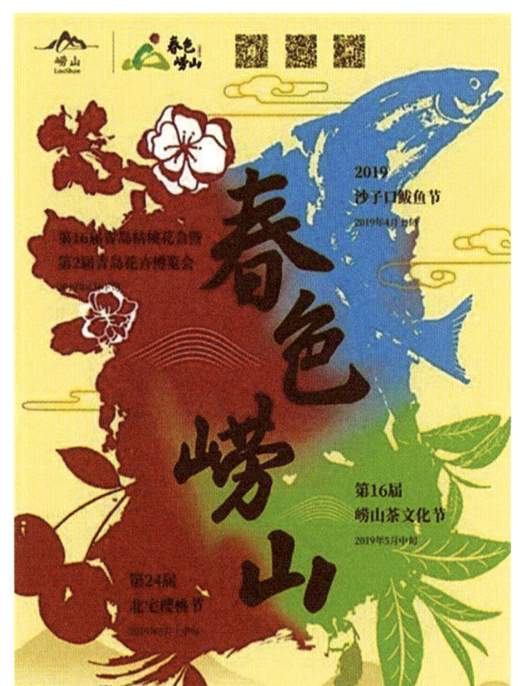

▲ 春色崂山

资源，打造集特色节会、大美崂山、美丽乡村、购物餐饮、文体盛宴、精品民宿于一身的旅游产业链，营造周周有活动、月月有亮点的热烈氛围。尤其值得一提的是，为了繁荣夜经济，今年“春色崂山”活动期间，区文旅委联合协信星光里、青岛鲁商凯悦酒店、青岛远洋大酒店、奥德堡啤酒音乐餐厅等分别推出大学生音乐节、美食嘉年华等时尚主题活动，点亮崂山夜生活，让市民和游客充分感受崂山之春的时尚魅力，将“春色崂山”打造成青岛市春季旅游的亮点活动和品牌节庆。

（二）“秋韵崂山”市民休闲旅游季

“秋韵崂山”市民休闲旅游季，整合景区游、乡村游、工业游、亲子游和节会游等旅游休闲资源，面向广大市民先后组织了旅游观光、休闲体验、特色商品展销、文体活动、民宿（农家宴）体验等六大板块 50 多项活动，充分展示了崂山秋韵之美、秋韵之趣和秋韵之乐，赢得了包括新闻媒体、旅游企业和广大市民在内的社会各界的广泛参与和一致好评，掀起了崂山区秋季旅游的新高潮，成为继夏季青岛国际啤酒节、春季四个街道特色节会后，诞生于崂山区的又一个品牌节庆。活动期间，崂山风景区、青岛海昌极地海洋公园、崂山区石老人观光园景区、二龙山风景区等崂山区主要景区游客人数和门票收入均比去年同期有不同幅度的增加，其中二龙山风景区游客接待量同比增长 20%，崂山风景区门票销售量同比增长约 18%，“崂山索道优惠周”活动期间，各索道门票销售量同比增长 55% ~ 110% 不等；青岛海昌极地海洋公园门票收入和游客接待量与去年同期相比分别增长 12% 和 6.5%。

▲ 秋韵崂山

崂山
LaoShan
秋韵崂山
Autumn Laoshan
Public Leisure Tourism Season
第二届市民休闲旅游季启动仪式
暨“合家欢”亲子登山赛

▲ 秋韵崂山

（三）“冬趣崂山”迎新祈福活动

每年元旦，“太平晓钟　福道崂山”迎新祈福活动在仰口游览区如约举行。太平宫撞钟祈福、寿字峰登高拜寿，独具崂山特色的道乐及玄真内家拳、太极拳、养生功武术表演，都一一呈现在游人眼前。“福道崂山”迎新祈福、“太平晓钟”新年祈福和“冬趣崂山”旅游观光等七大板块 17 项休闲惠民活动也同步推出。在连

▲ 冬趣崂山

▲ 冬趣崂山

▲ 冬趣崂山——"太平晓钟"

▲ 冬趣崂山——"太平晓钟"

续多年举办的基础上，2019 年崂山“太平晓钟”活动将按照扩大参与、丰富内涵、提升影响的要求，进行全新的形象包装和营销拓展，持续筑牢“太平晓钟”作为青岛旅游新年首发之作的独特地位，使之成为崂山冬季之旅的形象亮点、市场焦点、百姓热点。

（四）“百万市民游崂山”惠民活动

“百万市民游崂山”惠民活动以“赋能助力新时代，全域旅游看崂山”为主题，旨在通过整合崂山区旅游观光、乡村休闲、商贸购物、酒店餐饮、文体活动、特色产品展销、民宿和农家宴体验等旅游资源，让广大市民享受食、住、行、游、购、娱一体化的全域旅游资源，让岛城市民共享崂山区全域旅游成果，感受首批国家全域旅游示范区的独特魅力。

2019 年“百万市民游崂山”活动全新升级，推出“山东老乡游崂山”，优惠面覆盖全省。2019 年 11 月 1 日至 2020 年 4 月 30 日（不包括清明节假期），崂山全域优惠不断：2019 年 11 月 1 日至 30 日，崂山风景区对山东省本地户籍居民、长期居民和驻鲁高校学生实行风景区三条游览路线（流清—太清—华严—仰口游览区、巨峰游览区、九水游览区）均为 50 元/人次的优惠价格；2019 年 12 月 1 日至 2020 年 4 月 30 日（不包括清明节假期），对山东省内 16 地市轮流实行优惠价格。

活动期间，崂山区其他景区（点）也实行门票优惠政策。其中海尔世界家电博物馆家庭票原价 160 元/张，优惠后仅需 99 元/张；崂山太清码头大船原价

▲ 2019“山东老乡游崂山”省内巡回推介会

▲ 2019"山东老乡游崂山"省内巡回推介会签约仪式

110 元 / 张调整至 90 元 / 张，快艇票价 120 元 / 张调整至 90 元 / 张，漂移艇票价 150 元 / 张调整至 120 元 / 张；原价 60 元 / 张的崂山书院门票，活动期间仅售 30 元 / 张。青岛鲁商凯悦酒店、青岛海昌极地海洋公园等景点及餐饮住宿企业也争相推出优惠活动。

第八篇

营销篇

高起点营销，提升品牌形象

着眼全域大旅游、大营销，崂山区建立部门协同、企业联手、媒体跟进、游客参与的“四位一体”全域营销机制。2018 年设立专项资金 1200 万元，用于全域旅游市场营销与品牌推广。推出“山盟海誓”“花漫崂山，只为你开”“发现崂山最美瞬间”“山里人家过大年”等主题活动，以系列特色活动塑造品牌形象。开展“山东老乡游崂山”“百万市民游崂山”等系列旅游惠民活动，组织区内旅游企业分赴省内外重点城市开展“全域崂山”联合推介，推出山水文化之旅、茶酒飘香之旅等特色精品线路，培育打造“尊享崂山”“秋韵崂山”等定制游新品牌，提升崂山旅游整体吸引力。

一、构建全域旅游营销机制

（一）组建崂山区全域旅游营销联盟

崂山区全域旅游营销联盟，是以崂山区旅游行业为主体，在自愿、平等、诚信、互利的基础上组成的非营利性旅游营销创新团体，成员单位包括政府相关部门、事业单位、媒体、景区和旅行社。联盟本着“平台共建、品牌共创、价值共享”理念，在平台建设、活动营销、景区联动、创新交流等方面进行合作，有效推动崂山区全域旅

游营销包容性、可持续发展。

（二）成立崂山区旅游营销工作委员会

成立崂山区旅游营销工作委员会，促进全域旅游营销工作高效、有序、协调运行，委员会主任由区文旅委主任担任，副主任由区文旅委副主任担任，成员包括市场开发处、节庆处、财务处、综合管理处、公共服务中心、监察室、崂山旅游集团等主要负责人，营销工作委员会办公室设在市场开发处。营销工作委员会负责研究确定年度营销计划、年度营销方案、重大活动事项及相关政策。

（三）制定崂山旅游市场营销奖励办法

制定旅游市场营销奖励办法，充分调动社会各界开展旅游营销的积极性，鼓励大力开拓旅游市场，提升崂山区旅游市场影响力，助推全域旅游高质量发展，加快建设国际知名的山海度假旅游目的地。

二、节庆活动四季精彩不断

青岛国际啤酒节蜚声中外，中韩枯桃花会、沙子口鲅鱼节、崂山茶文化节、北宅樱桃节、石老人沙滩音乐节、九水红叶节等特色旅游节庆活动精彩纷呈。

（一）青岛国际啤酒节

青岛国际啤酒节始创于1991年，每年举办一届，至2019年已成功举办了29届，是中国最早的以啤酒为媒介，融旅游休闲、文化娱乐、经贸展示为一体的国家级大型节庆活动。

青岛国际啤酒节以“青岛与世界干杯”为主题，通过举办开幕式、啤酒品饮、饮酒大赛、艺术巡游、经贸展示等活动，营造浓郁热烈的喜庆氛围。节日期间，青岛的大街小巷装饰一新，举城狂欢。占地十余万平方米的世纪广场啤酒城更是酒香四溢、激情荡漾。节日每年都吸引30多个世界知名啤酒品牌参节，也吸引众多海内外游客相聚狂欢，是国内规模最大的酒类节庆活动，被誉为“亚洲最大的啤酒盛会”和青岛

▲ 青岛国际啤酒节

▲ 青岛国际啤酒节现场

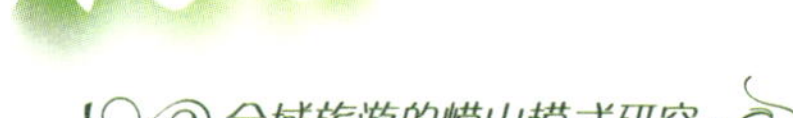

的“市民节”“狂欢节”，在国内外具有广泛的美誉度和影响力。

第29届青岛国际啤酒节于2019年7月26日至8月25日成功举办，累计接待市民和游客人数92万人次，消费啤酒1100吨。本届啤酒节全力彰显“市民节”“商务节”的特性，首次实现市民和游客免票参节、首次开启花园酒城的全新模式、节日举办时间首次超过30天，在举办“花园式啤酒节”的转型升级之路上迈出了里程碑式的关键一步。

（二）中韩枯桃花会

中韩枯桃花会每年4月下旬至5月初在枯桃将军山花艺生态园、枯桃花卉交易中心举办，至2019年已举办16届。本届花会以“魅力花乡，绿色家园”为主题，按照春、夏、秋、冬四季划分“春色满

▲ 中韩枯桃花会

园、夏日激情、浪漫金秋、梅兰冬韵”四个板块，开展丰富多彩的节会活动，将中韩枯桃花会打造为集特色节会、美丽乡村、文体会演、科普讲堂、休闲健身、购物餐饮于一身的旅游体验活动。目前，枯桃花卉年产值已超亿元，花会的举办，将助力崂山全域旅游融合发展，进一步推进花卉产业转型升级。

（三）沙子口鲅鱼节

沙子口鲅鱼节于每年 4 月上中旬在沙子口街道举办，至 2019 年已举办 15 届。节日以“鲅鱼节礼，传承孝道”为主题，以鲅鱼为载体，通过“鲅鱼传说”“鲅鱼礼”习俗，传承孝道，传递亲情，增加区域民俗文化认同感。沙子口鲅鱼节期间，推出渔

▲ 沙子口鲅鱼节

▲ 沙子口鲅鱼节

家体验之旅、鲅鱼品宴之旅、休闲健身之旅等系列活动，打造国内唯一的鲅鱼节庆品牌。沙子口鲅鱼节以及“鲅鱼之礼”所承载的孝道文化成为岛城一道浓浓的人文风景，吸引更多市民和海内外游客走进沙子口，品鲅鱼美味，赏山海风光，感受人文风情。

（四）崂山茶文化节

创办于 2004 年的崂山茶文化节，是以茶为媒，集开幕式文艺展演、茶文化研讨交流及茶叶展销、旅游文化活动于一身的特色节会活动，至 2019 年已举办 16 届。崂山茶文化节以“山海茶飘香，醉享王哥庄”为主题，推出“舌尖上的王哥庄”崂山茶

▲ 茶艺展演

▲ 2019 年第十六届崂山茶文化节

宴、炒茶大赛、崂山茶展销等活动。游客可参加茶园观光、采茶体验、茶艺表演、炒茶比武、文艺演出、模特大赛、书画欣赏、摄影比赛、广场文艺和焰火晚会等丰富多彩的特色活动，还可学习崂山茶文化知识，体验采茶乐趣，了解制茶工艺。

（五）北宅樱桃节

北宅樱桃节创办于 1996 年，每年 5 月上中旬至 5 月底举办，至 2019 年已举办 24 届，是青岛市十大节会之一。第二十四届北宅樱桃节，以“樱你而来桃醉北宅”为主题，共有崂山小樱桃、崂山樱桃、乌梅、砂蜜豆、沙蜜脱等数十个品种、42 万株、7.3

▲ 北宅樱桃节

平方公里樱桃供游客采摘品尝。为丰富节庆内涵，提升北宅樱桃节的美誉度、吸引力，北宅街道还开展“我和我的祖国”之北宅樱桃节快闪拍摄活动、农特产品暨文创产品集市、“最美地铁线醉人樱桃季”游园品尝及农家风情游、樱桃树下相亲会、凉泉理想村乡创学院大讲堂等十大主题活动，助力乡村振兴及全域旅游示范区建设。北宅樱桃节，吸引了四面八方的游人来摘樱桃、尝樱桃，使樱桃的附加值大大增加，价格提升了 30 多倍。崂山区把樱桃当作媒介，通过举办节会，发展生态旅游业，实现了现代农业与旅游产业的有机融合，成为旅游惠民、旅游富民的典范。

▲ 北宅樱桃节活动现场

三、新旧媒体营销屡获大奖

（一）新兴媒体取得新成效

区文旅委、崂山风景区充分发挥官方微信号、微博号、抖音号、企鹅号、搜狐号等多种新媒体平台影响力，制作推出了微信、微博、官网三个平台的崂山全域旅游融媒体中心，推广 19 个全域涉旅自媒体官方账号，新媒体宣传走在行业前列。

▲ 新浪 2018 年度山东最具影响力旅游系统政务微博大奖

▲“抖嗨崂山”宣传海报

▲拓印崂山

区文旅委官方微博荣获新浪2018年度山东最具影响力旅游系统政务微博大奖，多次在全国县区级旅游局微博周榜中位列第一名，崂山风景区官方微博荣获2018年度山东最具影响力景区官方微博大奖。“青岛第一祈福水岸——红码头”营销活动，被评选为2017年度山东省旅游网络营销十佳优秀案例。“抖嗨崂山”抖音大赛，话题阅读量300余万，获2018年度全省县（市、区）级旅游管理机构网络营销十佳优秀案例。“山水情长—九水环卫”短视频，获得第六届中国网络视听大会·2018全国党媒“青岛主题优秀短视频”奖，被人民网、人民视频、山东微政务等官媒转发。“外国人游崂山”获第19届IAI国际广告奖优秀奖。

（二）传统媒体焕发新活力

创新利用传统媒体营销，大力提升品牌影响力。大型纪录片《崂山传奇》荣获2017年度优秀国产纪录片及创作人才扶持项目优秀长片；“太清水月”被央视新闻评为“中国最美赏月地”景区类第一名；崂山茶、大馒头、甜晒鲅鱼等乡村特色美食相继亮相《舌尖上的中国3》栏目。开展摩崖石刻“拓印崂山”“百名画家画崂山”等文化活动，推出《崂山道韵》精品道乐演出、《崂山道教武术》精彩展演等演艺活动，不断丰富崂山人文内涵。

▲“太清水月”——中国最美赏月地

▲崂山道韵

后　　记

——青岛市崂山区文化和旅游发展委员会主任王兰波专访

40 载栉风沐雨，40 载春华秋实，从 1979 年邓小平考察崂山开始，掀开了崂山发展旅游的大幕，到 2019 年成功创建首批国家全域旅游示范区，崂山旅游产业蓬勃发展离不开一个高瞻远瞩、坚强有力的领导班子，离不开一套集中统一、权威高效的管理运作体制机制，离不开一个艰苦奋斗、真抓实干的干部队伍。作为崂山全域旅游发展的掌舵人，王兰波主任感触良多。王兰波主任在崂山工作长达数十年，历经崂山旅游数次体制机制变革，见证崂山旅游从无到有，带领崂山旅游不断发展壮大。

九龙治水，严重阻碍全域旅游发展

多年来，崂山旅游管理一直是“九龙治水”的格局，崂山风景区管理局、崂山区旅游局、石老人国家旅游度假区管委会、青岛市啤酒节办公室等不同部门条块分割、各自为战；旅游市场监管涉及多个执法部门，职责交叉且缺乏调节机制，作为主责单位的旅游部门查处手段单一，监管力量薄弱；旅游资源整合不够，产业结构不合理、发展滞后等。“体制机制上的弊端，崂山没有充分发挥出独特的资源、区位优势，崂山旅游产业发展缓慢。”谈到崂山区旅游管理体制机制，王兰波主任感慨良深。个中曲直，还得回溯到 26 年前。

1994 年新崂山区成立之时，一套工作机构挂崂山区政府、高科技工业园管理委员会、崂山风景区管理局、石老人国家旅游度假区管理委员会四块牌子。崂山风景区管理局与崂山区政府级别相当、职权分离、各自为政、互不干涉，在景区发展、社区民生等方面相互掣肘。

“体制机制不畅，内部消耗让崂山风景区发展的大好时机在互相拉锯中悄悄溜走。”说到此事，王兰波主任还是会扼腕叹息。

创新思路，彻底破除景区发展藩篱

痛定思痛，为了崂山区的发展，各级领导决意壮士断腕，彻底改革。2007 年青岛市委市政府对崂山风景区管理体制进行调整，在原青岛市崂山风景区管理委员会的基础上组建青岛市崂山风景区管理局，管理局正局级规格不变，与崂山区合署，受管委会和崂山区政府双重领导，以崂山区管理为主，不再作为市政府派出机构。

在这个体制机制改革的关键时期，为推动各级干部职工在思想认识、角色定位、工作方式上进行彻底转变，以王兰波主任为代表的崂山风景区管理局干部凭借多年一线工作经验及高超的政治智慧、敏锐的政治嗅觉，提出了“六个一”的发展路子。一是瞄准一个定位，建设一流景区；二是实施一项工程，提升景区形象；三是贯穿一个理念，加强融合发展，促进崂山旅游和青岛市大旅游的融合、崂山风景区和区政府的融合、景区和社区的融合；四是常抓一项要务，重视生态保护，将生态环境优势转化为旅游发展优势；五是树立一种风气，鼓励干事创业；六是完成一个计划，实行百万游客增长计划。

真抓实干，全面推进景城乡融合发展

思路决定出路。工作思路有了，接下来怎么实施？怎么发展？怎么融合？王兰波主任带领一帮满怀热情的旅游人夙夜不懈，步履不停。

第一步，加强和区委区政府的融合，每年崂山风景区管理局都会就景区发展问题，和区委区政府联合出台相关文件，把景区发展工作和全区发展战略相融合，在日常工作中加强与区政府部门沟通，强调大局观和整体性。“旅游发展和其他工作不是割裂的，你中有我，我中有你，让崂山发展得更好是我们每个部门的分内之事。”

第二步，促进景区和社区融合。创新景区社区“双联动”工作机制、每年设立 2000 万元景区生态资源保护补偿金，促进景社融合发展。“崂山风景区各游览区管理处处长兼任所在街道党工委副书记，参与社区有关决策，让景区社区真正不分家”，王兰波主任笑道：“只有这样落实到最基层，才算是真真正正融合在一起了。”

第三步，实施景区品质提升工程。机会都是留给有准备的人的，2013 年，王兰波主任紧紧抓住青岛世园会的机会，提出打造海陆两条旅游黄金线在内的“十大重点工程”，改善风景区形象，找到了融合发展非常有力的切入点。

改革的车轮滚滚向前，势不可当。2014 年，崂山风景区管理局启动“品质升级

年”，全面实施战略规划升级、资源管护升级等七大品质升级行动。加大资金投入力度，以国家3A级旅游景区标准对崂山30个重点社区进行环境整治和基础设施提升。东麦窑仙居崂山、凉泉理想村、解家河国际艺术村等一批高品质乡村快速崛起；2015年聚焦景社融合发展，区委区政府和崂山风景区管理局联合出台了《关于推动景区与社区融合发展的实施意见》，专门成立崂山风景区社区工作处、推出景区生态资源保护奖补办法、组建崂山风景区商会、推出“景区 + 农户”特色一日游等，在解决当地居民就业、促进居民增收上进行了一系列有益探索。2016年率先启动国家全域旅游示范区创建工作。深入推进“上山下海”战略行动，推出“飞阅崂山”通用航空旅游示范工程，成为首批国家级通用航空旅游示范工程。2017年，总投资13.8亿元的“海上看崂山”旅游航线上线，受到广大游客好评。同年，崂山当选为北方唯一的“青年国际乡村双创优秀实践地”。

2017年，以崂山风景区管理局为主体，对崂山区旅游局、青岛市啤酒节办公室、石老人国家旅游度假区管理委员会的景区管理、旅游发展和节庆会展等职能、人员编制及平台全面整合，组建崂山区旅游发展委员会，保留正区级规格不变，工委书记由区委书记担任，旅发委主任由崂山风景区管理局常务副局长担任。

2019年，为进一步加强党对文化和旅游工作的领导，统筹规划文化事业、文化产业、旅游业和新闻出版事业发展，将区文化和旅游局与区旅游发展委员会整合为青岛市崂山区文化和旅游发展委员会。工委书记依旧由区委书记担任，副书记由区政府区长、崂山风景区管理局常务副局长，区委常委、宣传部部长担任。

“现在崂山风景区和崂山区委区政府各项工作，在体制、形式、思想等各个方面已经深度融合成为一体。”王兰波主任脸上洋溢着自信和自豪。

步履不停，以工匠精神继续全域旅游事业

“实际上没有前期的这四五年的工作，绝对没有2017年的这个体制机制创新。随着我们更好更快发展，已经跟青岛市的大旅游融合了。区政府通过我们这几年的工作也都融进去了。”王兰波主任感叹。

经过艰苦奋斗，僵化的体制机制局面被打破了，但崂山旅游人也并未停住他们创新的脚步。自“六个一”提出以来，经过7年的发展提炼总结，根据新时代的要求，赋予了其新的意义：在原来的基础上，增加了全域旅游的内容，在今后的工作中，区文旅委遵循全域旅游发展的一条主线，打造国家全域旅游示范区的崂山样板，构建共建共享新格局。

体制机制创新是全域旅游发展核心。崂山的体制机制创新之处，就是真正实现了崂山风景区与崂山区政府的合二为一，不分彼此、不分你我，真正提升了文化和旅游职能部门的地位。

“通过发展全域旅游，让老百姓有获得感和幸福感，这才是我们所需要实现的目标。所以，我说发展全域旅游一直在路上。的确，今后还有很多事情要去做，要拿出工匠精神，认认真真去做这件事，不是说只贪大求全，是每个小细节都要顾到，而且要做得好。”王兰波主任展望未来无比坚定。

诚如习近平主席所说，我们现在所处的，是一个船到中流浪更急、人到半山路更陡的时候，是一个愈进愈难、愈进愈险而又不进则退、非进不可的时候。在这个时候，因海而生、以山而名的崂山将会以更加包容的姿态、更具开拓活力的精神、更加专注的工匠精神，掀开新时代下全域旅游高质量发展的魅力新篇章。

责任编辑：张　旭
责任印制：冯冬青
封面设计：中文天地

图书在版编目（CIP）数据

全域旅游的崂山模式研究 / 青岛市崂山区文化和旅游发展委员会编著 . -- 北京：中国旅游出版社，2020.8
（全域旅游创新模式研究 / 戴学锋主编）
ISBN 978-7-5032-6503-7

Ⅰ . ①全…　Ⅱ . ①青…　Ⅲ . ①地方旅游业 – 旅游业发展 – 发展模式 – 研究 – 崂山区　Ⅳ . ① F592.752.4

中国版本图书馆 CIP 数据核字（2020）第 101940 号

书　　名：全域旅游的崂山模式研究

作　　者：青岛市崂山区文化和旅游发展委员会　编著
出版发行：中国旅游出版社
（北京静安东里 6 号　邮编：100028）
http://www.cttp.net.cn　E-mail: cttp@mct.gov.cn
营销中心电话：010-57377108，010-57377109
读者服务部电话：010-57377151
排　　版：北京中文天地文化艺术有限公司
印　　刷：北京金吉士印刷有限责任公司
版　　次：2020 年 8 月第 1 版　2020 年 8 月第 1 次印刷
开　　本：787 毫米 × 1092 毫米　1/16
印　　张：12.5
字　　数：207 千
定　　价：78.00 元
I S B N　978-7-5032-6503-7